“认识中国·了解中国”书系

“十三五”国家重点出版物出版规划项目

当代中国行政改革

麻宝斌　郝瑞琪　著

中国人民大学出版社

·北京·

图书在版编目（CIP）数据

当代中国行政改革/麻宝斌，郝瑞琪著. —北京：中国人民大学出版社，2019.6
（"认识中国·了解中国"书系）
"十三五"国家重点出版物出版规划项目
ISBN 978-7-300-26606-0

Ⅰ.①当… Ⅱ.①麻…②郝… Ⅲ.①行政管理-政治体制改革-研究-中国 Ⅳ.①D63

中国版本图书馆 CIP 数据核字（2019）第 003205 号

国家出版基金项目
"十三五"国家重点出版物出版规划项目
"认识中国·了解中国"书系
当代中国行政改革
麻宝斌　郝瑞琪　著
Dangdai Zhongguo Xingzheng Gaige

出版发行	中国人民大学出版社		
社　　址	北京中关村大街 31 号	**邮政编码**	100080
电　　话	010－62511242（总编室）		010－62511770（质管部）
	010－82501766（邮购部）		010－62514148（门市部）
	010－62515195（发行公司）		010－62515275（盗版举报）
网　　址	http://www.crup.com.cn		
经　　销	新华书店		
印　　刷	固安县铭成印刷有限公司		
开　　本	720 mm×1000 mm　1/16	**版　　次**	2019 年 6 月第 1 版
印　　张	9.5	**印　　次**	2024 年 5 月第 3 次印刷
字　　数	112 000	**定　　价**	68.00 元

代前言　全面深化行政体制改革的四项要求*

改革开放 40 年来，我国先后进行了多次行政体制改革，逐步破解了许多影响和制约发展的重大难题。总体上看，前期的行政体制改革具有与时俱进、顶层设计和逐级推进的特点，体现出鲜明的理性主义特征。党的十九届三中全会审议通过的《中共中央关于深化党和国家机构改革的决定》指出："深化党和国家机构改革是推进国家治理体系和治理能力现代化的一场深刻变革。"2018 年 3 月 13 日，十三届全国人大一次会议在人民大会堂举行第四次全体会议，听取国务院关于国务院机构改革方案的说明，由此拉开了第 8 次行政体制改革的序幕。全面深化行政体制改革，是促进和保障经济社会持续健康发展的必然要求，是推进国家治理体系和治理能力现代化建设的重要内容，也是建设服务型政府和法治政府的重要一步。我们应正确认识全面深化行政体制改革所面临的深层矛盾。

全面深化行政体制改革必须要回应法治化与市场化的双重挑战。20 世纪 80 年代以来，信息技术改变了社会生活和社会结构，改变了人们

---

* 原载于《新长征》2018 年第 8 期，原标题为"直面深层矛盾　深化行政体制改革"，收入本书时略有改动。

对管理产品的需求。为此，各国纷纷尝试市场化取向的改革措施：放松管制、压平层级、竞争参与，以及重绩效而不重手段和过程、政府工作人员扩大自由裁量权以利于灵活应变，满足多样化服务需求。我国正处于从传统农业社会向现代工业社会，从现代工业社会向后现代信息社会的双重转型过程中，行政体制改革必然包含法治化与市场化的双重内容。一方面，当前的行政管理制度理性设计不足，行政管理缺乏规范性，行政执行中人治大于法治，专业化的公务员队伍及相适应的管理制度并不健全；另一方面，我国的行政改革与全球行政现代化进程紧密相连，发达国家行政改革的经验成果也深刻影响着我国的行政改革，为改革增添了市场化的元素。也就是说，我国行政改革具有双重目标，在构建现代法治化行政体制的同时，也力求用新范式的某些指导思想来克服一些弊端。

全面深化行政体制改革需要更好地平衡相互冲突的多元目标。早期的主流行政学者和行政官员都倾向于把行政机关看作单纯的执行机构，把效率看作行政的出发点和优先价值。近年来，这种片面认识在国内外的理论发展中得到了一定程度的修正，经济和效率不再被看作公共行政的核心价值，更不是唯一价值。人们认可了行政的公共性，认为行政价值与公民社会的基本价值紧密相连。行政活动的意义很大程度上在于促进公民社会的基本价值，如自由、秩序、正义和公共利益的实现。公共性使目标具有多元性，要求行政人员在效率、公平、民主、法治和质量等目标之间进行选择和权衡。行政决策者必须依据具体环境和社会需求合理定位改革目标。就我国行政体制改革的目标来说：一方面要建立一个精简、节约型政府，成本低、支出少；另一方面要为社会提供更多更好的公共服务。改革并不仅仅要追求有效率的方法，也包含着价值选择的成分，这个选择是在社会公正和效率间进行的。若基本的社会公正无法保证，社会矛盾就会集中和迅速爆发。因此有必要为了防范权力滥用而加强制度建设，这一举措可以在很大程度上减少腐败，促进社会公正的实现。但制度建设是有成本的，增强透明度和增加监督程序会带来一定的效率损失。

全面深化行政体制改革要着力化解正式制度与非正式制度变迁不同步的难题。正式制度是人们有意识地创造的一系列约束人们行为的规则，包括国家的法律、政策、条例等政治规则、经济规则以及各种组织的规章等。正式制度的形成和运作是自上而下、人为强制的结果。非正式制度是人们在社会生活过程中约定俗成、共同恪守的行为准则，是人们在长期交往中无意形成的，具有持久生命力并构成代代相传的文化的一部分，其形成和作用是由点到面，自然演化的产物。正式制度与非正式制度相互联系、相互制约。如果没有非正式制度的支持，正式制度将难以实施，即正式制度只有与非正式制度相容时才能发挥作用。各地政府和政府部门都以建设服务型政府为目标，但要改变机关中积存已久的一些工作作风却绝不是短期内就可以实现的。我国正处于体制转型时期，正式制度的改革与创新会在一定时期内与内含传统本性和历史积淀的非正式制度不相容。比如，我国不少正式制度的制定参考了发达国家经验，甚至“移植”了某些制度。这些制度在我国出现了水土不服的问题，或流于形式，或在执行中变形，甚至根本无法实施。因此，不仅要认识到制度变迁是一个艰难、费时间、成本高昂的过程，同时要从思想观念和文化变革的角度为正式的制度变迁创造条件。

全面深化行政体制改革要解决制度稳定性要求与改革变动不居之间的矛盾。变革是当今世界唯一不变的主题，变革也是行政组织存在的常态，但变革若缺乏关键因素上的稳定性，则容易造成混乱、降低绩效。对行政体制改革而言：一方面，改革不能动摇组织的根基，一些重大的改革措施要经过试验，积累经验，逐步加以推广；另一方面，不断变化的现实环境和公众不断提高的需求要求行政机构要不断变革机构、职能乃至文化。这就造成了制度稳定性要求与不断变化的改革环境之间的紧张。制度是人们的行为准则，人们建立制度是为了减少不确定性，获得一种比较稳定的预期，并据此选择和确定自己的行为。如果制度经常变动，就会破坏人们的行为预期，诱发机会主义行为，甚至使整个社会生活因缺乏秩序而陷于混乱。制度或政策的朝令夕改、随意变动，只会导致各相关利益主体处于不同的规则和标准之下，形成同一条件、不同规则、不同结果的不合理状况，进而造成结构性短期行为；会造成制度体系的结构性紊乱，从而造成制度间的摩擦和冲突以及空白地带；会导致信赖关系的破裂，导致制度权威流失。这实际上也就破坏了制度存在的基础。不仅如此，制度的稳定性也是制度的作用得以发挥、制度的优劣得以检验的基础和条件，如果制度丧失了稳定性，人们就不可能对其做出正确的评价和判断，进一步的制度选择也就很难进行。这就决定了任何一种制度安排和制度结构都有其相对稳定性。要化解变革与稳定之间的矛盾，一般性做法是在保持大局稳定的前提下，通过局部的、具体的制度改革为整体的、基本制度的变革创造条件。比如，通过制定一些政策性的试行或暂行规定来为以后正式立法做准备，待时机成熟，再由立法机关出台较详尽的法律。

总之，新一轮行政体制改革所面临的诸多难题是无法回避、完全消除或立即彻底解决的。冲突与悖论的存在要求各级领导干部首先要正视矛盾及其不确定性，同时要学会在两种相反的力量的作用下保持平衡。只有将冲突看作常见的过程，才能促使人们进行系统思考并做出相应的选择；只有通过巧妙平衡由悖论产生的各种相互矛盾的需求或“张力”，行政体制改革才能取得预期成效，圆满完成预期目标。

目　录

Administrative Reform in Contemporary China

第一章

中国行政体制概况

1 中国行政体制概况

不同的国家、同一个国家在不同的历史时期，都会产生不同的行政体制。行政体制是国家为推行政务所建立的管理体制，主要是指政府系统内部行政权力的划分、行政机构的设置以及运行等各种关系和制度的总和。简要地说，行政体制就是政府的责权结构及其运行方式。具体来说，行政体制主要包括以下几个方面的内容：第一，行政权力的划分、行政职能和责任的配置是行政体制的核心内容，行政权力的划分决定行政职能的配置和利益分配，行政职能的配置又左右行政结构和行政运行；第二，行政组织结构是行政体制的表现形式，行政机构是行政权力和行政职能的载体，若无机构，行政体制也就无所存在；第三，运行机制是行政机制的灵魂，若无决策、执行、反馈等连续不断的运行活动，行政体制则无法运转；第四，权力结构是行政体制的重要内容之一，是决策权的划分，关系到整个行政体制的权力运行情况。

在中国，行政体制是政治体制的重要组成部分，它是中国共产党领导现代化建设、推进经济社会文化发展的治权体系之一，是承接、遵循和实施人民主权、实现人民民主和国家有效治理的执行机制，也是在政府治理意义上落实依法治国基本方略的运行平台。

随着社会形势的不断发展，各国都不同程度地对既有行政体制进行改革与完善。第二次世界大战后，一些主要的西方发达国家行政体制改革的主要内容包括：政府内部权力分配关系的变化，行政决策、行政监督等体制的变化，行政管理方式的变化。中华人民共和国在 1978 年以后开始有领导、有计划地进行行政体制改革，主要在制度化、法制化、现代化几方面进行了持续探索，并逐步取得了巨大成就。

一、行政体制的历史沿革

任何事物的产生、存续和发展都不可能是单一因素作用的结果，而是受到多元因素持续的影响和制约。行政体制的形成也是如此，其发展为今天的独特形态，并不是人们随心所欲创造和变更的结果，而是在不同的历史阶段，受到多种因素连续的影响和制约形成的。在这里，我们不能对影响中国行政体制的诸多微观因素做详细的考察和研究，而只能在宏观层面上对中国的行政体制的历史做一个全景式的回顾。

1. 封建中央集权时期的政府体制

在秦始皇统一中国之前，中国社会就存在一种“间架性的设计”，这种“间架性的设计”主要体现在整个政府体制上。围绕着巩固王权而出现的内外服制展现了当时政府体制的基本特征，同时，形成了最早的中央和地方分权的体制——分封制，中央对地方实行较为松散的控制。在分封制下，中央和地方之间关系的维系依靠的是封建和宗法的结合，并在一定程度上维持着体制的稳定。

然而，随着人口的增加、环境的变化，先前稳定的制度安排逐渐无法维持。随着王权衰退、诸侯群起、中央与地方之间的冲突激化，各种原因交织在一起，最终导致了春秋战国时代大分裂的混乱局面。历史总是在分分合合的曲折历程中演进的。最终，纷扰的战国群雄为秦所统一，全国立即展开了史无前例的政治统一步伐，确立起一个延续了两千多年的中央集权传统。

秦朝中央官制如图 1－1 所示，皇帝下有“三公九卿”，“三公”指的

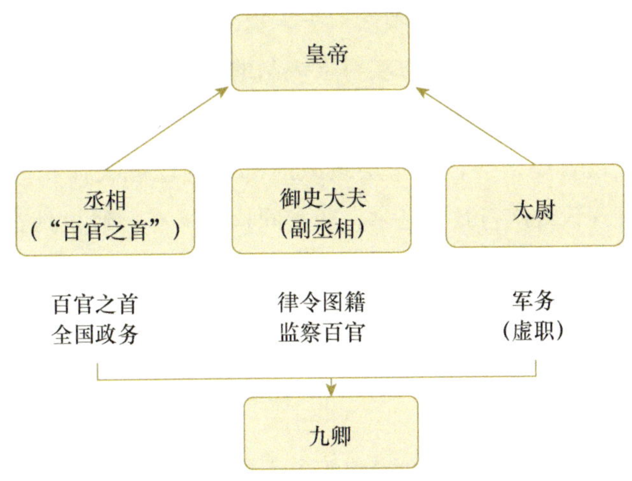

图 1－1　秦朝中央官制示意图

是“丞相”“御史大夫”“太尉”，其中“丞相”为百官之首，统领百官，负责全国政务；“御史大夫”为副丞相，负责建立并修改律令图籍，监察百官；“太尉”名义上负责军务，但实际上只是虚职。在“三公”下设“九卿”，辅助“三公”处理全国大小事务。秦朝建立的中央官制，为两千多年的中国封建统治建立了基本的官僚制度框架，此框架随着朝代的更迭变换不断发展创新。

2. 新民主主义革命时期的民主政府

中国近现代以来，在推翻了两千多年以儒法思想为指导的封建统治的发展情况下，中国人民迫切需要一种新的理论来指引中国走出黑暗，实现解放，进行现代化实践，建立新的政权。马克思主义传入中国，为政治上发展“停滞”的中国输入了新的活力，为中国行政体制的建立提供了政治上的理论前提。

中国共产党在成立后的 28 年革命斗争中，将马克思主义基本原理与中国革命的具体实践相结合，先后建立了工农民主政府、抗日民主政府和人民民主政府三种形式的政权。这三种形式的政府在不同历史时期表现出不同的作用和特征，但总的来说，它们的行政体制架构具有相似之处：拥有一个最高的中央政权机关，能够处理日常事务，发布法令和决议，实行的是党的一元化领导；中央设置了各个部门分管不同的事务，部之下设置委员会；地方实行层级制的行政体制，各个时期情况不同，层级划分也有所不同，地方各个层级都设置了与中央基本对口的各个部，部下设置委员会，每一层级政府部门的职能大体相同。由此看来，在中国现代政府行政体制中，职责同构的形态已经粗具雏形。不难理解，如此设置是为了适应当时革命战争的需要。新中国成立之后，这种体制基本被延续下来。

3. 苏联体制的影响

新中国成立后，苏联在政府组织方面的做法，为中国提供了很多的经验。首先，中国引入计划经济体制，形成了中国强大的垂直管理部门，俗称“条条”。再加上从新民主主义革命时期延续下来的中央、地方部门的上下对口设置惯例的影响，强大的“条条”就形成了。“条条”强了，中央与地方关系自然会发生变化，“条块”矛盾就产生了。其次，在党政关系方面，苏联模式的主要影响是建立合一型的党政关系模式，党和政府在职能上难以实现合理的分工，也没有相互分离的载体来分别承载二者，这最终导致了中国错综复杂的党政关系的出现。

4. 改革开放的现实要求

改革开放以来，中国的政治发展和体制运作逐步进入健康的轨道。但是，随着政治、经济、社会的发展变化，行政体制的内部和外部环境均发生了变化，这便需要对体制进行适应性改革。为此，在中共中央的坚强领导下，我国先后进行了 1982 年、1988 年、1993 年、1998 年、2003 年、2008 年、2013 年和 2018 年共 8 次集中的政府机构和行政体制改革，总体上形成了基本适应社会主义市场经济体制要求和建设中国特色社会主义事业需要的行政体制。过去 40 多年，中国经济保持了高速增长，创造了世界经济发展史上的奇迹，这其中，我国行政体制的巨大优势无疑起了重要的支撑和保障作用。这突出地表现在以下几方面：一是能够集中力量处理一些突发性事件，防范各种群体性事件及自然灾害风险。二是能够提升大型的、跨地区的水利、交通及工业项目的建设效率。三是能够在土地征用和房屋拆迁过程中降低经济发展的成本。四是能够通过鼓励地方之间的竞争促进地方的招商引资和城市建设等。看不到这些，就难以解释改革开放以来中国经济社会发展所取得的巨大成就。

二、中国行政体制的理论基础

对行政体制的研究，不能脱离一定的政治理论，离开了政治理论指导的行政体制就会成为无源之水、无本之木。一定时期的行政体制能够确立，并为当时的社会所接受，一定与占主导地位的政治理论有关，而政治理论的发展，往往成为行政体制发生变化的先导。指导当下中国行政体制的政治理论包括如下几个方面。

1. 马克思、恩格斯的人民民主思想

中华人民共和国是人民民主专政的社会主义国家，以马克思主义为国家政治生活的根本指导思想和行动指南。马克思主义政治学说是当代中国政府赖以建立和发展的基本理论依据。马克思主义政治学说的核心内容是社会主义国家必须实行人民当家作主的无产阶级专政。在国家政体的问题上，马克思、恩格斯批判地继承了空想社会主义的合理成分，认为无产阶级专政的国家只能是民主共和制政体；在关于国家的政权组织形式的问题上，马克思在总结巴黎公社政权建设经验的基础上指出，无产阶级专政的国家政权组织形式应实行立法权和行政权合一，即“议行合一”的原则；在建立新型无产阶级国家结构形式的问题上，马克思和恩格斯主张建立统一的、单一制的国家形式，但为了防止高度的中央官僚集权，其主张在单一制的形式下，吸收联邦制的优点。马克思、恩格斯的人民民主思想是中国行政体制建立的基本理论依据。

2. 列宁的社会主义政府管理思想

列宁在继承马克思主义人民民主思想的基础上发展了马克思主义的政治学说。关于党在革命中的作用问题，列宁认为党是无产阶级组织的最高形式，是无产阶级专政国家的领导者，不同任何阶级、政党分享政权，而是独掌领导权，这是无产阶级专政的一个显著特征。党不仅是无产阶级组织中的领导者，也是各条战线、各个部门总的领导者，党的作用应该反映在政治、经济、军事和文化等各个方面。在党的组织原则问题上，列宁第一次提出了民主集中制的科学概念，并在建立俄国社会主义民主党的过程中将民主集中制作为党组织的根本原则。列宁关于共产党领导国家政权的思想、关于党政关系的思想对于当代中国政府行政体制的形成和发展产生了重大影响。

3. 毛泽东的人民民主专政理论

当代中国政府，是以毛泽东为代表的中国共产党人，在长期的革命斗争中，把马克思主义基本原理同中国革命具体实践相结合的产物。毛泽东在探索建立和完善当代中国政府体制的过程中，形成了他的系统的政权建设思想。毛泽东在长期的革命实践中，把马克思主义政治学说同中国的具体实践相结合，提出了人民民主专政理论。人民民主专政的具体思想主要表现在：人民民主专政是中国式的无产阶级专政，是民主和专政的辩证统一；人民民主专政的国家政权是由中国共产党领导的，人民民主专政的国家形式是人民代表大会制度。毛泽东的人民民主专政理论为中国社会主义政权建设找到了最好的形式。在中国政治体制改革和现代化建设的进程中，它仍然是根本的指导思想，推动着社会主义民主和法治的不断发展。

4. 邓小平的建设有中国特色的社会主义政治经济体制改革思想

邓小平被称为中国社会主义改革开放和现代化建设的总设计师。在粉碎“四人帮”后，他在领导中国人民进行社会主义现代化建设的历史进程中，把马克思主义基本原理同中国的具体实际相结合，明确提出了建设有中国特色的社会主义的任务，确立了改革的宏伟目标，推动了当代中国政府体制的改革和发展。邓小平认为，建设有中国特色的社会主义是和改革密切相关的，这不仅表现在建设有中国特色的社会主义是改革的宏伟目标，而且表现在这一目标的实现必须通过改革，改革是建设有中国特色的社会主义的必然途径。经济体制改革和政治体制改革是邓小平改革思想的重要组成部分。此外，邓小平还就领导职务终身制进行了改革，在《党和国家领导制度的改革》一文中提出“从组织上发挥社会主义的优越性，自觉地更新各级党政领导机关，逐步实现领导人员年轻化、专业化的问题”①，并就革命化、年轻化以及专业化等问题进行了

---

① 邓小平．邓小平文选：第2卷．2版．北京：人民出版社，1994：323.

深入分析。这些均对中国行政体制的完善发挥了重要的指导作用。

5.“三个代表”重要思想中关于党的建设的探索

“三个代表”重要思想是江泽民在2000年阐述的。他指出，我们党要始终代表中国先进生产力的发展要求，代表中国先进文化的前进方向，代表中国最广大人民的根本利益。相应地，行政体制改革作为一种政府制度创新，也必须以“三个代表”重要思想为指导思想，行政体制改革若背离了“三个代表”重要思想的要求，就会失去正确方向。行政体制改革作为一种政府管理制度的创新，本身也能创造生产力，制度创新对生产力的促进作用有时比技术创新对生产力的促进作用更大。而按照代表中国先进文化前进方向的要求，应加强公务员队伍的建设，培养和造就一批能够代表中国先进文化前进方向的行政管理队伍，以有力地推进行政体制改革的进一步深化。既然中国共产党是执政党，人民政府是代表中国最广大人民根本利益的，就应该进一步转变过去管制的观念，增强服务意识，打造千方百计为人民服务的服务型政府，从人治本位转向法制本位。“三个代表”重要思想揭示了党的正确领导与发展先进生产力、先进文化，实现最广大人民根本利益之间的历史联系，为深化我国的行政体制改革进一步指明了方向，为建立具有中国特色的行政体制奠定了坚实的理论基础。

6. 科学发展观中的改革思想

科学发展观是胡锦涛在2003年提出的，坚持以人为本，树立全面、协调、可持续的发展观，促进经济社会和人的全面发展，同时强调“五个统筹”，要求我们积极构建社会主义和谐社会，继续深化改革开放，切实加强和改进党的建设，进一步转变政府职能，转变各级干部的工作作风，坚持用科学发展观武装头脑。可见，科学发展观对中国行政体制的改革提出了要求，指明了方向，行政体制的改革需要符合科学发展观的思想，以实现整个和谐社会的构建。

7. 习近平新时代中国特色社会主义思想

习近平新时代中国特色社会主义思想是习近平在 2017 年提出的，其精神实质与丰富内涵主要体现在中国共产党第十九次全国代表大会报告精辟概括的“八个明确”和新时代中国特色社会主义“十四个坚持”基本方略之中。“八个明确”：第一，明确坚持和发展中国特色社会主义，总任务是实现社会主义现代化和中华民族伟大复兴，在全面建成小康社会的基础上，分两步走在本世纪中叶建成富强民主文明和谐美丽的社会主义现代化强国；第二，明确新时代我国社会主要矛盾是人民日益增长的美好生活需要和不平衡不充分的发展之间的矛盾，必须坚持以人民为中心的发展思想，不断促进人的全面发展、全体人民共同富裕；第三，明确中国特色社会主义事业总体布局是“五位一体”、战略布局是“四个全面”，强调坚定道路自信、理论自信、制度自信、文化自信；第四，明确全面深化改革总目标是完善和发展中国特色社会主义制度、推进国家治理体系和治理能力现代化；第五，明确全面推进依法治国总目标是建设中国特色社会主义法治体系、建设社会主义法治国家；第六，明确党在新时代的强军目标是建设一支听党指挥、能打胜仗、作风优良的人民军队，把人民军队建设成为世界一流军队；第七，明确中国特色大国外交要推动构建新型国际关系，构建人类命运共同体；第八，明确中国特色社会主义最本质的特征是中国共产党领导，中国特色社会主义制度的最大优势是中国共产党领导，党是最高政治领导力量，提出新时代党的建设总要求，突出政治建设在党的建设中的重要地位。

“基本方略”：第一条，坚持党对一切工作的领导，讲的是领导力量问题；第二条，坚持以人民为中心，讲的是政治立场问题；第三条，坚持全面深化改革，讲的是发展动力问题；第四条，坚持新发展理念，讲的是发展导向问题；第五条，坚持人民当家作主，讲的是依靠力量问题；第六条，坚持全面依法治国，讲的是法治保障问题；第七条，坚持社会主义核心价值体系，讲的是精神力量问题；第八条，坚持在发展中保障和改善民生，讲的是发展目的问题；第九条，坚持人与自然和谐共生，讲的是人与自然关系问题；第十条，坚持总体国家安全观，讲的是国家安全问题；第十一条，坚持党对人民军队的绝对领导，讲的是国防和军队建设问题；第十二条，坚持“一国两制”和推进祖国统一，讲的是祖国统一问题；第十三条，坚持和推动构建人类命运共同体，讲的是中国和世界关系问题；第十四条，坚持全面从严治党，讲的是党的自身建设问题。

此外，习近平从“四个全面”战略布局对政府改革创新提出了新的要求。“四个全面”战略思想：主动把握和积极适应经济发展新常态，协调推进全面建成小康社会、全面深化改革、全面推进依法治国、全面从严治党，推动改革开放和社会主义现代化建设迈上新台阶。政府处在改革创新的前沿，或者说是处在国家治理体系与治理能力现代化的最前沿，担负着最重要的使命和任务，政府的改革创新程度标志着国家治理体系与治理能力现代化所达到的水平。

可见，习近平新时代中国特色社会主义思想为实现中华民族的伟大复兴提供了行动指南，也为下一步行政体制改革提供了总体目标与前进方向。

三、中国行政体制的特征

中国行政体制的特征主要表现在党政关系、条块关系、中央与地方关系、地方关系和部门关系中，在这里我们择其要者做简单分析。

1. 党政关系表现为形式上的一元决策主导、事实上的多元执行主导

中国共产党是中国社会主义事业的领导核心，掌握立法、行政、司法、军队等全部国家权力，并通过政治领导、组织领导和思想领导来实现这一切。中国共产党的领导作用主要体现在横向和纵向两个方面。在横向上，在中央和地方国家机关、人民团体、经济组织、文化组织和其他组织的领导机关中，设有党组；在纵向上，与每一层级的政府组织相

对应，党设有同级党的委员会，以便对政府实施有效的指导和监督。另外，中国共产党长期坚持党管干部的原则。因此，在党政关系中实行的是党的一元化决策领导，这种“一元化”是以“党政一体”的组织形态为基础的。

同时，地方政府在实际执行党的政策的过程中，势必要立足于本地的实际情况，将地方利益与中央政策相结合而对决策进行有选择的“灵活性”执行。这样，同级的政府与党组织之间在同一载体上会展开权力的博弈，很多时候，决策是在双方博弈而达成一致性意见的情况下做出的，从这个角度来看，决策又是“多元化”的。

2. 纵向的体制特征：形式上职责同构、权责一致，事实上权责背离

（1）中央与地方政府的关系：事权与责任划分不合理。

在中央与地方的总体关系上，中央通过对政治权力、人事权力的牢牢把握而占据主导地位。并且，在具体的事务上，很多应该由地方政府去做的事，中央政府又通过国家部委予以干预，由此造成了中央权力过大、地方权力不足的现象。权责相符是现代政治运行的基本规律。拥有一定的权力就应当相应地承担与之对等的责任，然而在现实的政治运行中，权力集中在中央，责任却层层落实到下级政府。这便造成了中央权大而责小、地方权小而责大的权责关系混乱现象。此外，由于职责同构的结构设计，各级地方政府具有“全能”的角色，职能范围几乎无所不包。地方政府行使着很多不应当由它行使的职权，承担着很多应当由中央政府及其职能部门承担的职责。中央政府由于精力有限，大量的决策、大量的工作是由地方政府来做的。从这个意义上来说，政府广泛职能的履行需要有相应的权力作为保障，而实际上地方政府并不具备相应的“权力”，可谓“全能”而“无权”。

（2）上下级政府的关系：事权与责任划分不合理。

按照宪法的规定，县级以上的地方各级人民政府领导下级人民政府的工作，全国地方各级人民政府都是国务院统一领导下的国家行政机关，都服从国务院，因而，上级政府与下级政府之间的关系是一种领导

与被领导的关系。在责任的分担上，形成了上级政府对下级政府的层层施压，最终的责任会落实到处于压力型体制最末端的基层部门。例如，在中国政府的运作过程中，存在“上级请客、下级埋单”的情况，上级政府通过各式各样的考核、名目繁多的“达标”来推动基层工作，并且都是以行政命令的形式下达，没有相应的制度来保证财政拨款匹配，且考核与基层领导业绩挂钩，很大程度上超越了基层的承受能力。这是造成基层政府负债的一个重要因素。

（3）上下级部门的关系：事权与责任划分不合理。

在目前的条块关系中，同一条条的上下级部门之间在权力和责任的安排上不尽合理是一个比较普遍的现象，主要表现为权力集中在上级部门手中，而责任却要由下级部门承担，即上级职能部门“权大责小”，下级职能部门“权小责大”。上级职能部门经常把任务推给下级职能部门，但“下任务不下权”“下事情不下钱”，于是下级部门承担了大量的工作，却吃力不讨好，通常是上级部门报成果，可一旦工作不到位，出了问题，却是下级部门受处分。

3. 横向体制特征：地方自主性发挥与上级“条条”强大束缚之博弈

从地方政府“块块”的角度来看，改革开放以来，随着地方政府的自主性不断增强，现实要求在坚持中央统一政令的条件下，扩大地方的权力，向地方放权。这不仅有助于地方更好地处理地方的事务，而且还能为地方政府间的合作创造一个宽松的环境。从横向部门角度来看，下级职能部门要接受双重领导。一方面，地方职能部门是地方政府的组成部分，所以要接受本级政府领导；另一方面，下级职能部门是上级职能部门的对口延续，所以也要接受上级职能部门的领导或业务指导。由于地方职能部门是地方政府的组成部分，地方要求在政策执行中有其自主权，因此，地方政府可以授意职能部门根据自己的利益或偏好对中央部委的决策进行选择性执行。这便导致中央部委的决策无法落实，从而引发了条块之间的矛盾。

4. 体制内外关系特征：非闭合的环形压力体制导致中央与民众沟通不畅

压力型体制是指一级政治组织利用行政垂直权力，以责任制为网络并以政治经济奖惩为动力，以问责为手段，将任务层层向下渗透、扩散的行政决策和执行模式。由于下级组织的主要目标是完成上级布置的任务和各项指标，在上级组织下派指标时，下级组织会把任务和责任层层分解之后下派给更下级组织和个人，并责令其在特定时间内完成。从中央开始，各级政府将事权层层下移，下级接到指令后将任务按一定的比例放大，打好提前量，再分解给更下一级的组织，而最终的承受者将是民众，因为最终的政策措施的结果和成效都将体现于民众。

因此，在这种压力型体制下，实际上存在着上（中央政府）、中（各级地方政府）、下（民众）三个层面的主体。中央政府将压力转移到地方，地方将压力层层下移，然后转移到与民众接触最紧密的最下级政府，将政策施行于民众，而民众如果对政府政策不满，可以通过信访等手段，层层向上反馈意见，最终到达中央。因而，形成了一种形式上的闭合曲线。

然而，问题并非如此简单。事实上，民众由下而上反馈“压力”的过程并非顺畅无阻，地方政府出于自身利益的考虑，往往会设置各种障碍进行阻挠。即使压力直接反馈到中央，中央也缺乏一种与民众直接沟通的渠道，而最终无法化解压力。其原因就在于中国还没有建立起中央政府、地方政府、民众三者之间的良性互动机制。

四、中国行政体制的客观环境

行政体制的产生、发展和运行都不能脱离特定的政治、经济、科技、国际环境。这些特定的环境既为行政体制的正常运转提供了基本条件，也在某种程度上不断调整和规范着行政体制，使其臻于完善。虽然在二者之间的关系中，各种环境对行政体制的影响居于主导地位，但是从国家结构环境的整体来看，最理想的状态是寻求行政体制与其环境之间的良性互动，使之达到动态平衡、良性循环和协调稳定。

1. 政治环境

中国政治环境的特殊性主要体现在党的领导、人民民主、依法治国以及议行合一四个方面。新中国的建国历史和维护统一的现实要求，决定了中国共产党的执政党地位，确定了其领导核心的角色；而人民民主是社会主义国家公民主人翁角色的最好保障；依法治国是中国的治国基本方略，规范公共权力，使得一切行为有法可依、有法必依；议行合一则是一种权力归全体人民所有的体现，明确权力的所属，由人民行使属于自身的全部权力。这些都符合当下中国的国情。

党政关系是 20 世纪 80 年代中期以来，中国政治生活的一个重要概念。党政关系中的“党”特指中国共产党；而“政”则是一个内涵广泛的概念，包含政权、政府、政协、行政、司法等多种含义。这便决定了党政关系不是一种单一的政治关系，而是一组复杂的政治关系，主要包括党和人大的关系、党和政府的关系、党和人民政协的关系、党和司法机关的关系、党和人民团体的关系等。本书对党政关系的考察，主要限定为党与行政系统的关系。在中国的党政关系中，作为执政党的中国共产党处于领导地位。政府接受执政党的领导，成为党在公共事务领域的决策执行者。新中国成立以来，党政关系的历史变迁可以概括为四个发展阶段：一是寓党于政时期，从 1949 年新中国成立到 1957 年“反右倾”斗争；二是以党代政时期，大致从 1957 年“反右倾”斗争到 1978 年党的十一届三中全会；三是党政分开时期，从 1978 年党的十一届三中全会到 1989 年 6 月的党的十三届四中全会；四是以党统政时期，从 1989 年 6 月至今。尽管党政关系经历了一些重要的发展变化，但党的领导地位并没有变化，只是在领导方式等方面不断发展完善。

2. 经济环境

行政体制的经济环境是指行政体系所处的经济背景。任何一个国家的政治体系都是在一定的经济背景下存在和发展的，二者之间有着深刻的内在联系。一方面，经济是政治的目的，政治作为人们追求物质利益的手段而存在，对经济利益的追求总是通过一定的政治手段、政治方式而表现出来的；另一方面，经济是政治的条件，政治作为上层建筑，根源于物质的经济关系，也必然会受到经济因素的制约和决定。经济基础的变化会使作为上层建筑重要内容之一的行政体制也发生相应的变化。在改革开放前，中国实行高度集中的计划经济体制，在改革开放后，实行市场导向的经济体制，这些都为行政体制的改革和发展提供了宽松的经济环境。

环境的任何变化都会直接或间接影响行政体制本身的变化。当前中国经济持续增长，取得了巨大成就，同时也出现了地区发展不平衡，居民收入分配失衡等问题，社会矛盾、社会危机因素也随之增加；在中国经济持续、快速发展的同时，我们付出了过多的资源环境代价。这都要求我们进行经济增长方式的转变、优化调整产业结构、改变经济增长点等经济改革。深化经济体制改革的最为重要的方面是加快政府转型，加大政府转型的力度，这实际上也为行政体制的改革和发展带来了更大的机遇和更严峻的挑战。

3. 科技环境

全球信息化浪潮极大地改变了国家经济结构和社会结构以及人们的生活方式，对政府管理产生了重大影响。特别是互联网的出现，极大地改变了人们日常生活的形态和方式，影响了政府的社会管理方式与公共服务供给。科技环境产生的影响主要体现在信息技术上，通过相关技术的不断发明与更新，各种科技手段被运用得淋漓尽致。通过各种先进办公技术的运用，行政组织的结构逐渐扁平化，信息的上通下达更加流畅，各类权限的设置影响了现实行政权力的运用范围以及作用机制，其合理的运用在一定程度上适应了行政改革的需要，使得整个行政过程更加高效、公正与透明。其中，电子政务的发展最具代表性。在中国，各类政府网站与官方论坛不断完善，公民通过信息技术参与决策的现象也不断涌现，且有不断扩大的趋势。所以，科技环境的改善，不仅影响了政府自身的建设，也影响了广大公民的政治参与。总体而言，科技环境的不断变化，给中国行政体制的不断发展提供了技术上的保障，提供了提升效能的工具，科技环境的改善对中国行政体制的不断完善具有促进作用。

4. 国际环境

当今世界国际环境瞬息万变，处于国际大环境下的中国行政体制也会受到国际因素的影响和冲击。中国行政体制所面临的国际环境主要包括以下几个方面：一是全球经济一体化浪潮，形成了新的国际竞争态势，使国家之间、地区之间、国家与地区之间的竞争日益激烈，而要增强本国的竞争力，就需要发挥政府的主导性作用，政府要发挥主导性作用，就需要通过行政体制改革，提高政府自身的行政效率和治理能力。另外，在全球一体化的背景下，各国政府权力面临着增强和弱化两方面的矛盾，这冲击了政府固有的权力模式和权力结构，提出了在中央和地方、政府和市场、政府和社会、主权国家和国际组织等各方主体之间的权力分配的问题。二是全球公共管理改革浪潮的影响。20 世纪 80 年代以来的公共管理改革浪潮，使发达资本主义国家的公共治理模式发生了重大变化，政府行政管理的效率和质量得到了很大提升。中国政府也恰恰在这一时期面临着改革、发展与稳定的多重考验，承担着经济发展、社会公平和环境保护等多重任务，需要不断提高自身社会管理能力和公共服务水平，以满足社会公众日益增长的物质和文化需求。从一定程度上看，中国的行政改革可以从西方发达国家的行政改革中汲取有益的养分。

Administrative Reform in Contemporary China

第二章

中国行政体制改革概述

2 中国行政体制改革概述

一、中国行政体制改革的发展进程

改革开放 40 多年来，中国已经先后进行了 8 次行政体制改革。1980 年，中国社会主义改革开放和现代化建设的总设计师邓小平，发表了一篇题为《党和国家领导制度的改革》的重要讲话。这篇讲话分析了原有的行政管理体制存在的弊病，指明了中国行政体制改革的方向和主要任务。

1982 年启动了第一次行政管理体制改革，主要是为了减少机构、编制及领导职位。这次改革对中国的最大贡献是建立了退休制和任期制，消除了当时实际存在的领导干部职务终身制。

1988 年启动的第二次行政管理体制改革，主要是为了转变政府职能，把政府在过去计划经济体制下的职能，逐步转变为适应市场经济发展需要的新体制。这次改革的主要贡献有两点：一是明确了转变职能是中国行政管理体制改革的核心；二是提出了定职能、定机构、定编制的“三定”改革方略，定职能就是确定政府管什么事，定机构就是确定由谁来管、哪个部门管，定编制就是确定有多少人去管。从此，历次改革都离不开“三定”这个改革路径。

1993 年启动的第三次行政管理体制改革，主要是为了适应建立社会主义市场经济体制的需要，对宏观管理体制进行的改革。此次改革对宏观管理部门和专业管理部门的关系进行了调整，撤并了 100 多个管理部门。

1998 年启动的第四次行政管理体制改革，主要是在当时亚洲金融危机的背景下，对投资、金融、外贸体制进行的改革，同时撤并了一些部门，大幅度压缩了编制。

2003 年启动的第五次行政管理体制改革，最主要的贡献是提出了简政放权和行政审批制度改革的历史任务，下放了超过 60％的各种审批权。

2008 年启动的第六次行政管理体制改革，主要是实行大部门体制改革，将原来分工比较细的部门，合并为大部委。

2013 年启动了第七次行政管理体制改革。党的十八大以来，以习近平同志为核心的党中央对深化行政体制改革提出了明确要求。十八届二中全会指出，转变政府职能是深化行政体制改革的核心。十八届三中全会强调，经济体制改革的核心问题是处理好政府和市场的关系，使市场在资源配置中起决定性作用和更好发挥政府作用。据此，这次改革主要包括：第一，继续推进大部制改革，比如撤销铁道部成立铁路总公司，把新闻出版、广播电视等部门合并起来成立了一个大的部门，统管相关事项。第二，赋予行政管理体制改革新的意义和职能，即行政管理体制改革要服从、服务于国家治理体系和治理能力的现代化。

为此，要大力推进简政放权、放管结合、优化服务。简政放权，精简的是束缚着市场主体的“无形枷锁”和错装在政府身上的“有形之手”，放活的则是企业的活力、发展的动力和全社会的创造力。“放”是中央政府下放行政权，减少没有法律依据和法律授权的行政权；厘清多个部门重复管理的行政权。“管”是政府部门要创新和加强监管职能，利用新技术新体制加强监管体制创新。“服”是转变政府职能减少政府对市场的干预，将市场的事推给市场来决定，减少对市场主体过多的行政审批等行为，降低市场主体的市场运行的行政成本，促进市场主体的活力和创新能力。长期以来，政府对微观经济运行干预过多、管得过死，重审批、轻监管，不仅抑制经济发展活力，而且行政成本高，也容易滋生腐败。推进简政放权、放管结合，就是解决这些突出矛盾和问题的关键一招，也紧紧抓住了行政体制改革和经济体制改革的核心，把握了完善社会主义市场经济体制、加强社会建设的要害。

2018 年启动了第八次行政管理体制改革。2018 年 2 月党的十九届三中全会通过了《中共中央关于深化党和国家机构改革的决定》，对深化党和国家机构改革做出了统一部署和顶层设计。2018 年 3 月 17 日第十三届全国人民代表大会第一次会议通过了国务院机构改革方案。这次改革是改革开放以来力度最大的一次机构改革。这次改革总的考虑是，着眼于转变政府职能，坚决破除制约使市场在资源配置中起决定作用、更好发挥政府作用的体制机制弊端，围绕推动高质量发展，建设现代化经济体系，加强和完善政府经济调节、市场监督、社会管理、公共服务、生态环境保护职能，结合新的时代条件和实践要求，着力推进重点领域和关键环节的机构职能优化和调整，构建起职责明确、依法行政的政府治理体系，提高政府执行力，建设人民满意的服务型政府。改革后，国务院正部级机构减少 8 个，副部级机构减少 7 个，通过改革，国务院机构设置更加符合实际，科学合理，更有效率。

着眼未来，中国行政体制改革下一步的重点是向建设责任政府、廉洁政府、法治政府、服务政府的方向推进。这就是到 2020 年中国行政管理体制改革发展的基本趋势[①]。

二、中国行政体制改革的特征

1978 年中国启动了改革开放的伟大历史进程，在 1982 年、1988 年、1993 年、1998 年、2003 年、2008 年、2013 年、2018 年进行了 8 次集中的机构和行政管理体制改革，中国的行政管理体制已经发生了质的改变，总体形成了基本适应社会主义市场经济体制要求和建设中国特色社会主义事业需要的行政管理体制，对国家经济社会的全面协调发展起到了重大的推动作用。从前期的改革历程来看，中国行政体制改革具有以下几个特点。

(1) 中国行政体制改革是在中国农村开展的经济体制改革不断深入、改革要求不断提高的背景下展开的。随着从农村开始的经济体制改革不断深入，现实进而对政治体制改革提出了要求，所以中国对原来那种高度集中、以行政手段为主的行政管理体制进行了改革。

---

① 陈宝生. 中国行政管理体制改革的五个特点. 中国共产党新闻网，2015-11-09.

(2) 这种改革每隔一段时间设定一个目标，不断向前推进，呈渐进式发展，而不是突变；不是推翻原来的体制，而是在原有的基础上进行改革和完善。

(3) 中国行政管理体制改革具有顶层设计的特点。中国的经济体制改革首先从最基层的农村开始。在基层取得一定经验后，经过试点加以总结，然后在全国进行推广。而中国行政管理体制改革，则是每隔几年，由中国共产党和中国政府进行一次顶层设计，制定出总体方案，按照方案由上到下逐步推进。

(4) 中国行政管理体制改革一直是与经济体制和其他领域的改革协同进行的。经济体制改革深入哪一步，行政管理体制改革就跟进到哪一步。行政管理体制改革的目标与经济体制改革的目标相适应。

(5) 中国行政管理体制改革是依法推进的，即行政管理体制改革的决策和推进，都是按照程序依法决策、依法进行的。一般的程序是由中国共产党中央委员会提出一个 5 年期机构改革的建议，接着做出决定，然后由国务院提出改革方案，经全国人民代表大会审查批准，最后，全国都按这个方案来执行。在这个过程中，成功的经验、有效的做法，会以不断制定新的法律的形式被固定下来，变成国家意志和成熟的法律。

三、中国行政体制改革措施的未来

1. 继续推进政府职能转变

行政管理体制改革关系上层建筑的调整和完善，是中国政治体制改革的重要内容。以转变政府职能为核心，形成有利于科学发展的体制机制，是中国深化行政管理体制改革的一条重要经验。改革开放以来，中国先后进行了 8 次比较集中的行政管理体制改革，政府经济管理职能逐步从微观管理向宏观管理转变，经济调节和市场监管不断完善；政府社会管理职能逐步加强，社会管理和公共服务能力不断提高，逐步形成和完善了服务科学发展的体制机制。

中国正处于全面建成小康社会的新的历史阶段。贯彻落实新发展理念，解决人民日益增长的美好生活需要和不平衡不充分的发展之间的矛盾，推进国家治理体系和治理能力现代化，对政府职能转变提出了新的更高要求。虽然行政体制改革取得了明显成效，但仍存在影响科学发展的体制机制方面的问题，一个重要原因在于政府职能转变仍然不到位，政府仍旧管一些不该管、管不了也管不好的事，同时一些该管的事又没有管住管好。下一步行政体制改革的核心任务，依然是坚持转变政府职能这个核心，深化简政放权，创新监管方式，增强政府公信力和执行力，建设人民满意的服务型政府。

2. 探索实行职能有机统一的大部门体制

大部门体制涉及调整政府组织结构、转变职能、理顺职责关系和完善运行机制等。党的十七届二中全会要求，按照精简统一效能的原则和决策权、执行权、监督权既相互制约又相互协调的要求，紧紧围绕职能转变和理顺职责关系，进一步优化政府组织结构，规范机构设置，探索实行职能有机统一的大部门体制，完善行政运行机制。2008 年的行政体制改革，在探索建立大部门体制方面迈出了重要步伐。在中央层面，国务院调整变动机构 15 个，正部级机构减少 4 个。加强宏观调控、社会管理和公共服务，以保障和改善民生，促进科学发展。同时，对一些职能相近的部门进行了整合，实行综合设置，理顺部门职责关系，解决了一些长期存在的职能交叉、权责重叠、推诿扯皮、效率低下等突出矛盾和问题。在地方层面，与国务院机构改革相衔接，在地方政府机构改革中，对工业与信息化、人力资源和社会保障等机构进行了调整整合。有的地方在落实中央改革要求的基础上，进一步加大改革力度。

大部门体制是由市场经济比较成熟的国家探索的体制模式，中国的实践探索尚处于起步阶段，理论研究、政策储备和模式设计还不是很成熟，建立符合中国特色行政管理体制的大部门体制，还需要立足国情，不断进行实践探索和经验总结。

3. 分类推进事业单位改革

在中国，事业单位是指由政府利用国有资产设立的，从事教育、科技、文化、卫生等活动的社会服务组织。事业单位改革也是行政体制改革的重要组成部分。推进事业单位改革的关键任务是从体制机制入手，转变政府职能和管理方式，调整和规范政事关系。事业单位管理体制改革涉及面广，内涵丰富，包括政府的职责定位，政府与事业单位的关系、政府与社会的关系、政府对事业单位管理的创新等，改革的方向是按照政事分开、事企分开和管办分离的原则，着力转变政府职能，创新管理方式。具体任务包括：一是转变政府职能，加强政府的宏观管理和行业管理，减少对事业单位的行政审批和直接干预。二是明确事业单位功能定位，根据事业单位的不同属性，实施分类改革，将主要承担行政职能和主要从事生产经营活动的事业单位分离开来。三是创新政府管理方式，根据事业单位公益属性的不同，实施分类管理。四是完善政府投入机制，加大投入力度、改革投入方式、完善投入监督机制，形成职权明确、分级负担、财力与事权相匹配的事业单位投入机制。

四、中国行政体制改革的功效

1. 行政体制改革对中国发展的促进作用

（1）促进中国社会主义市场经济的纵深发展。

中国经济体制改革是在生产力水平较低、工业化程度不高、技术水平落后等条件下进行的，各级政府在推进经济市场化过程中发挥了主导作用。在计划经济时期，各级政府高度集中统一，通过制订实施直接计划、间接计划和估算性计划等不同类型的经济发展策略，使得新中国在短期内平息了旧中国遗留下来的经济恶性波动，顺利地渡过了经济困难时期；同时在经济发展水平低、建设资金严重短缺、国力有限的条件下，运用这种行政集权的计划经济体制，保证把有限的资源集中到重点建设上，奠定了国民经济良性循环的物质基础。改革开放以来，经济市场化程度的显著提高带来了政府职能和行政方式的明显变化。在宏观上，政府开始运用经济、法律等手段调节国民经济的运行，进行产业结构调整，实现经济增长方式的转变；在微观上，政府改革了对企业的管理模式，政企分开成为经济改革的重要内容。同时，政府的市场管理职能也逐渐从直接定价转向市场定价、反垄断、反欺诈、反不正当竞争等方面。行政体制的不断调整适应有力地推动了我国市场经济的发展。

在市场经济向纵深发展的过程中，行政体制仍然是十分重要的促进力量。一方面，中国经济的市场化程度还比较低，市场机制在经济运行、资源配置方面的作用还没有完全发挥出来，加上信息不对称、投机率高等弊端，中国的市场经济仍存在一些问题。所以，这需要加强政府在经济运行、市场监管中的调控能力，用政府调节和监管这只“有形的手”来弥补市场机制的缺陷。要实现这些目标，就要对政府职能进行重新定位，进一步划分政府与市场的边界，并探索科学有效的调节和监管方式。另一方面，政府也应当顺应市场经济深入发展的形势，特别是要适应加入世界贸易组织后国际化趋势的要求加强自身建设，比如通过调整权力配置减少权限冲突、改革政府机构提高效率、减少事前审批加强事后监管等措施，提高政府在经济管理中的能力和水平，为企业和市场的进一步发展创造良好条件。

（2）服务公共行政的有效展开。

行政体制的政治作用就是行政体制在维护人民政权的稳定、保障公众的权利和利益、维护社会和谐等方面所发挥的积极作用。市场经济的深入发展、市民社会的逐渐崛起和利益主体多元化的日益形成，加快了传统意义上的国家行政向公共行政转变的步伐。在此过程中，随着政府职能的转变，政府逐渐减少对市场和社会的干预，将市场的事交由市场来决定，社会公共事务更多依赖社会公共组织来解决，逐步减少对市场和社会主体过多的行政审批等行为，降低市场主体的市场运行的行政成本，激发市场和社会主体的活力和创新能力。越来越多的非政府组织参与到社会公共事务的管理和服务活动之中，这是市场机制带来的必然结果，也是社会发展的基本规律。

中国社会组织网公布的数据显示，2000 年，中国社会组织为 153 322 个，而到 2015 年，中国社会组织已达 662 425 个，是 2000 年的 4.3 倍。伴随着中国社会组织数量的发展，社会组织在社会发展过程中所扮演的角色也越来越重要。以安徽省合肥市为例，合肥市是全国社会管理创新综合试点城市，其从基层基础抓起，从解决服务居民的手段和路径入手，找准切入点，大力加强社会管理，促进经济社会协调发展，在居民自治、公益服务、文体康乐等方面开展各种服务。到 2016 年，仅合肥市西园街道开展的服务项目就有 50 多个，各种社会组织的参与大大丰富了社区服务内容，提高了社区自治能力，同时也降低了政府行政成本。

公共行政的有效开展，要求对公权力进行重新调整和配置，以发挥社会自治的力量、保障公众在社会事务管理中的参与权利；而这些也都依赖行政体制发挥其基础性作用，因为没有具体的制度基础，公共行政的有效运行只能成为空谈。灵活、高效、务实的行政体制将改变公权力的行使方式，积极引入符合现代市场经济规律和价值理念的管理和服务手段，促进社会各部门的合理分工和资源的有效配置，推进公共行政的顺利开展。以公共基础设施的建设和管理为例，随着社会公众对道路、桥梁、体育场馆等公共基础设施需求的不断增加，一些地方政府开始改革原来政府垄断的做法，更加注重发挥市场机制的作用，通过竞争性招标、特许经营等手段，鼓励民间资本、社会力量参与基础设施的建设经营。在此过程中，政府主要通过订立合同的形式与经营企业进行谈判，并负责对工程的监管。这既满足了社会公众对基础设施的需求，又避免了政府财政支出不足的尴尬，同时还有效利用了民间资本为社会服务，达到“双赢”甚至“多赢”的效果。

(3) 符合利益多元化社会建构的需要。

行政体制的社会作用主要是指以各级政府为主体的行政体制在进行社会管理、提供社会服务、维护社会稳定以及建立社会保障体系等方面发挥的积极作用与效用。在实行改革开放前，存在于人们生活中的是计划经济体制下一元化的社会结构模式。虽然中国也建立了各种组织，如企业、事业单位、群众团体，但这些结构因子是同质的，都隶属于某个国家机关，都有行政级别，实质上被同一化为行政组织。在这样的模式下，公民或直接依附于政府，或因依附于其所在单位而间接依附于政府，公民之间的利益选择也因为这样的依附关系而在形式上表现得高度一致。在向市场经济体制转型的过程中，经济规律使政府不得不开始放松手中的权力，承认并保护企业、社会组织和公民个人的权利。一元化的社会结构开始逐渐瓦解，取而代之的是多元化的社会利益结构；不但社会个体之间的交往可以通过市场机制和契约机制来完成，而且政府也不可能像过去那样，对社会生活事无巨细地实施控制和管理。此外，利益多元还表现为地区利益、地方利益、行业利益的凸显，市场经济中，多元利益主体间合作与竞争共存，客观上需要行政体制做出积极回应。

实际上，经济改革带来的社会结构调整也是行政体制必须回应的重要方面。利益多元化的社会结构要求政府在社会管理理念上实现从控制本位向服务本位的转变，为各类利益主体的崛起和博弈提供良好的发展环境、平等的竞争规则、基本的公共设施以及完善的社会保障。所以，政府的职能定位、目标选择、权力配置、行政方式、运行规则、法律制度等要正视并积极回应多元化利益主体崛起的现实，确保社会发展过程中的理性、效率、稳定、公平等理念落到实处，使各类利益主体的价值在经济改革、社会发展的过程中能得到体现，确保社会各阶层都能及时分享改革发展带来的成果。

2. 中国行政体制改革的不足之处

从理论上来说，中国行政体制的作用主要体现在两个层面，即既要对党、中央政府、上级部门负责，又要对人大、法律、民众负责。从实际运作来看，行政体制在维护党的领导，执行中央、上级的政策方面表现总体上良好，但在维护民众的利益、解决因政策失衡以及其他因素而导致的不公平现象方面做得还不够，面对越来越多的社会问题、社会矛盾，政府感到不堪重负。

从效率的角度来看，中国是行政力量占据主导的强政府-弱社会型国家。从经济与社会的方面来看，这种体制有助于在较短的时间内，将人力、物力、财力资源有效地集中起来，因此在动员社会力量方面与西方国家相比具有很大的优势。从政治方面来看，在层级制的条条集权的体制下，从上到下的命令贯彻也具有很高的效率，有利于维护政权的稳定。当然，从相反的角度来看，也有阻碍效率的因素。比如，在行政体制的横向方面，部门划分过细，导致权责模糊，效率不高，从中国政府机构改革的具体情况来看，政府职能转变没能发挥其全局性、引领性的作用，反而受制于政府机构改革，难以突破行政体制的羁绊。由政府机构改革引导政府职能转变，导致政府职能转变不到位，甚至让中国的政府机构重新陷入"精简—膨胀—再精简—再膨胀"的怪圈。同时政府职能定位也不明确，这主要体现在政府职能的越位、错位、缺位现象。职能越位主要是指政府把不该管的也管了，这是计划经济时代政府职能的遗留问题。职能错位主要是指政府职能交叉、职能重叠等现象，职能错位容易产生政出多门、互相推诿扯皮等问题。职能缺位主要是指政府在某些方面没有承担起相应的职责，出现了社会管理和公共服务的真空地带。越位、错位及缺位现象的出现反映了中国政府部门职能定位不清晰，导致了职能执行过程中的混乱现象。虽然存在着这些问题，但总体上看，中国目前的行政体制还是高效的。

从公平的角度来看，中国的国家性质以及党所代表的利益都决定了中国行政体制在维护社会公平方面相较于西方资本主义国家来说应当具有较大的优势，但实际情况并不如此简单。虽然中国政府也一直在进行着维护社会公平的努力，然而改革开放很长一段时间以来，中国经济发展的整体规划是"效率优先，兼顾公平"，行政体制也自然会承续这一发展规划。坚持"一部分人、一部分地区先富起来"的中央政策，虽然促进了市场经济的发展，提升了中国的国力，但也产生了更大的城乡差距、地区差距、阶层差距，社会发展中出现了不同程度的不公平现象。

总之，中国的行政体制体现出矛盾性特征，中国社会的经济、政治文化是被这种矛盾性的体制推进发展的，同时诸多问题也是基于这种矛盾性体制而产生的。在人们惊喜于国力的提升和效率的提高时，也不能不承认，目前的行政体制还无法实现用一种制度化的机制来维护社会公平、化解社会冲突、构筑一个高层与民众的有效沟通回应的渠道，将社会的秩序维持得更好，并且激发社会的活力。今后一段时间，中国仍然面临着探索如何走出重重矛盾、不断完善行政体制的艰巨任务。

Administrative Reform in Contemporary China

ADMINISTRATIVE REFORM IN CONTEMPORARY CHINA

第三章

政府组织机构改革

3 政府组织机构改革

中国的改革开放已经走过了 40 多年，尽管人们通常所关注的，仅仅是中国这些年在经济方面天翻地覆的变化，但是，我们要看到，经济的持续增长过程，实际上在其背后存在着一个政府治理结构不断变革的过程。中国改革开放的过程也是中国政府不断变革和调整的过程。

政府组织机构改革是行政体制改革的重要组成部分，合理的政府组织机构是完成政府组织目标、提高政府组织工作效率、实现政府社会管理职能，从而巩固执政党政治合法性的基础。新中国成立以来，特别是改革开放以来，中国不断根据经济社会发展的实际需要进行政府组织机构改革。一系列的改革措施使政府组织机构日趋完善、合理，不断朝着“经济调节、市场监管、社会管理、公共服务、生态环境保护”的目标前进。但是经过多次改革后，中国政府组织机构依然存在诸多问题，并没有在组织规模上彻底摆脱“精简—膨胀—再精简—再膨胀”的怪圈，机构依旧臃肿。

政府改革，尤其是中央政府机构改革，提供了一个看待中国改革开放的微观视角。回顾中国历次政府机构改革并审视其逻辑，有助于预测中国政府在新的历史时期的发展道路。

一、政府组织机构改革的背景

进入 20 世纪 80 年代，基于威尔逊、古德诺的政治-行政二分法理论和韦伯的科层官僚制理论中的传统官僚制面临着诸多问题和挑战：政府机构日益庞大臃肿，效率低下，因行政支出费用惊人、浪费严重而引发的政府财政危机，政府公平性、透明性、协同性和回应性欠缺或不足，政府公信力日趋下降，“政府失灵”论占据主导地位，社会公众要求政府进行“治道变革”的呼声越来越高。在此大背景下，肇始于西方的以“新公共管理运动”为旗帜的行政体制改革愈演愈烈，并逐渐席卷全球，对中国的政府改革也产生了深远影响。

与此同时，中国已进入中国特色社会主义新时代，社会主要矛盾发生了深刻变化。现行的行政体制同统筹推进“四个全面”战略布局的要求还不完全适应，同实现国家治理体系和治理能力现代化的要求还不完全适应，同建设人民满意的服务型政府的要求还不完全适应。

1. 行政体制涉及的制度供给不足

与不断发展变化的经济社会形势相比，中国现行行政体制依然存在着制度供给不足的问题，从行政职能到权力配置，从行政组织到权力运行，都有所体现。这使得行政体制在一定程度上缺乏稳定性、明确性、预期性。

第一，从中央到地方各级政府的职责和权限缺乏明晰的法律规定。首先，在中央与地方政府的关系上，法律对中央事权并没有严格的划分，中央政府在一些事权模糊的区域，往往可以单方面自主做出决定。其次，在纵向的各级地方政府之间，事权划分不清，缺乏界定，在横向的政府部门之间，权责划分不清。

第二，行政组织制度缺失。实践中，无论是组织过程还是组织结果都缺乏程序的约束，因而不可避免地受到行政首长的主观意志的干预。例如，作为中国最高行政权力机关的国务院，其各类行政机构的职责和权限多被《职能配置、内设机构和人员编制规定》所限制，这尽管比原来的“三定”方案有所进步，但规定不是法律，加上缺少追究违反规定者法律责任的条款，其效力和权威远远不足。

第三，有关承担社会公共职能的社会组织的制度供给不足。社会组织在社会管理和公共服务中发挥着政府不可替代的、多样化的、个性化的作用，但是中国至今没有一部关于规范社会组织机构、行为和管理体制的基本法律，加上中国对社会组织管制严格、审批严格，中国的社会组织不发达，不能发挥其应有作用，造成了政府管理社会事务权限过多过大的问题。

第四，中央和地方以及各级政府间权限纠纷解决制度供给不足。改革开放以来，中央政府和地方政府形成了利益竞争的格局。在利益驱动下，中央和地方政府间以及各级政府间的各类矛盾、冲突、纠纷增多。但是中国现在缺少相关法律，难以制止政府间无序竞争和仲裁政府间的矛盾纠纷。这导致政府间合作困难，而竞争依然是常态。

2. 行政体制滞后于经济和社会发展

改革开放使中国的经济和社会进入高速发展阶段，但中国的行政体制客观上滞后于经济和社会的发展，不能完全满足社会利益的多样化、个性化和回应性需求，难以应对中国日趋复杂的社会系统。

第一，在政府与市场的关系上，中国多年来形成的自上而下的管制模式与市场经济多元化的网络结构相矛盾。一些政府部门仍然习惯靠行政手段管理经济事务，不善于运用经济的和法律的手段进行管理。面对现有的社会经济情况，政府还没有从根本上改变原有的管理方式，在中国经济转型时期，政府在市场体系的培育过程中常常过分强调行政干预对市场的替代作用而忽视市场自身的导向性。因片面强调政府在替代市场机制方面的作用，很多时候政府不仅没有起到积极培育市场的作用，反而限制了市场功能，甚至以行政力量替代市场机制。

第二，在政府与社会的关系上，政府对社会的管理表现为管得太多、管得太死，该管的不管，不该管的却管。一方面，无论在观念上，还是在行为上，政府都习惯亲自去管理公共事务，介入公共生活，既"划桨"又"掌舵"。宽泛的政府职能范围必然凸显出行政能力的不足，当前各级政府在履行社会管理职能和公共服务职能方面都表现出明显的能力不足。另一方面，虽然中国社会组织发展迅速，但社会组织的数量、规模以及更为重要的整体能力和作用，都滞后于社会发展的需要。中国社会组织发展的不足，已经不能适应多元阶层、多元利益并存的需要。

3. 行政体制缺乏科学性

中国现行行政体制与西方发达国家相比，在科学论证和系统性、整体性、协同性考量方面，稍显不足，在一定程度上忽视了行政管理的规律性和科学性。

第一，行政组织结构设计不合理。“重政策制定，轻服务提供与市场监管，业务处室管理层次过多、管理幅度过窄”是其具体表现。组织结构不尽合理则导致了行政组织数量偏多、各类行政机构比例失调。一方面，在纵向层次结构上片面强调对口一致，不管各地实际情况如何，只要上面设立一个机构，下面必须相应地设置一个对应机构。这导致很多下设机构长时间闲置，机构人员无所事事，浪费了大量的人力、物力和财力，并且加剧了地方政府机构臃肿和层级过多的问题。另一方面，在横向部门结构上，决策、执行部门强，而监督、反馈、资讯和信息部门弱。

第二，行政权力的运行不科学。按照行政管理规律，一个结构合理的行政组织系统一般应包含四类机关，即精干的决策指挥机关、相对集中的执行机关、地位独立的监督机关和超然、结构扁平化的咨询机关，但中国现行行政权力运行机制远没有达到这个要求。政府的结构不是十分合理，决策指挥机关规模庞大，执行机关过于分散、臃肿，监督机关地位不独立，咨询议政机关不发达，导致决策体制不科学，咨询体制不发达，行政权力不能得到良好的行使。

4. 行政体制中的公众参与程度过低

公众参与的类型在中国具体来说可以分为两大类，一是程序性公众参与，二是实体性公众参与。程序性公众参与，参与的基础是信息，参与的主要功能是为决策机关提供信息，参与的主要目标是实现科学决策。实体性公众参与，参与的基础是利益，参与的主要功能是形成公共利益，参与的主要目标是实现决策民主。

改革开放后，中国已经进行了多次较大规模的政府改革，但都是在相对封闭的情况下进行的，社会没有太多参与的机会和空间。并且行政决策机制中缺乏社会公众参与的渠道和手段，也没有明确的法律条文对此做出详细规定，一直以来，公众参与长期游离于行政主体一元决策的体制之外。

二、政府组织机构改革的历程

从1982年开始，中国政府基本上每隔5年左右便开始一场精简机构和裁减人员的改革。这一系列变革可以说构成了近40年来中国政府改革的重要内容。对于这些改革，社会舆论往往有一个误解：每一次改革，似乎都没有什么成绩，每一次改革之后，机构继续增加，人员队伍依然膨胀，政府机构改革往往是表面文章。这些说法并非完全没有道理，轰轰烈烈的运动式改革过后，总是有或多或少的回潮。机构精简之后，往往又会膨胀；人员精简之后，又会大幅度增加。因而人们往往把机构改革描述为一个怪圈：精简—膨胀—再精简—再膨胀。不过客观地说，虽然改革有循环，但循环是渐进的，而不是原地踏步，每一次改革，都留下了重要的改革成果，下面对已完成的前7次改革做一总结。

1. 1982年：改革开放后的首次改革

1978年启动改革开放后，中国原有的计划经济体制被打破，出现了多种经济成分，家庭联产承包责任制的确立，极大地解放了农村的生产力。但新的经济形式与旧的行政管理体制的矛盾十分突出：一方面，新政策的市场导向性，客观要求管理体制有更多的灵活性和自主性；另一方面，旧体制以其传统的管理功能和管理手段，阻碍新政策的实施。1981年，国务院的工作部门达到100个，机构臃肿，亟待改革。

1982年3月8日，五届全国人大常委会第二十二次会议通过了《全国人民代表大会常务委员会关于国务院机构改革问题的决议》。1982年的机构改革在3个方面取得了重大突破：一是改进了国务院本身的领导体制和领导方法，副总理由13人减少到2人；二是明确了国务院机构组成序列，国务院所属机构由100个减少到61个，其中部委由52个减少到43个，国务院直属机构由43个减少到15个，国务院办事机构由5个减少到2个；三是确定了国务院的工作重点——经济建设。与此同时，对干部退休、年轻干部的培养等制度进行了改革，废除了领导干部职务终身制，提高了工作效率，促进了干部的年轻化。

1982 年的机构改革是针对当时普遍存在的机构臃肿、人浮于事、职责不清、干部老化、办事效率低等官僚主义弊病而提出来的。改革后，这些普遍和突出的问题在一定程度上得到了解决，改革基本实现了预定目标，达到了精简机构、缩减干部和人员的效果，初步解决了干部老龄化的问题。但是由于这次机构改革是在经济体制、政治体制尚未全面展开改革的情况下进行的，所以是一次不全面、不彻底的改革，是一次过渡性的改革，是改革的“第一阶段”，存在一些问题是在所难免的。

2. 1988 年：首次提出政府职能转变

1988 年改革的直接原因是国务院机构自身建设的需要，深层次原因则是经济体制和政治体制改革的要求。

1982 年机构改革之后，国务院根据经济和社会发展的需要，于 1983 年设立了国家安全部和审计署，于 1986 年设立了监察部，并相继设立了国家物资局、国家环境保护局、国家土地管理局等国务院直属机构和国务院部委管理的国家局。到 1987 年底，国务院直属机构从 15 个增加到 22 个，国务院部委管理的国家局从 11 个增加到 13 个，国务院机构从 61 个膨胀到 72 个。6 年内国务院机构增加了 11 个，平均每年增加 2 个左右，如果再加上国务院部委管理的国家局，数量增幅更大。为了给经济发展创造环境和拓展空间，1988 年国务院开始了改革开放以来第二次较大规模的机构改革。

1988 年 4 月 9 日，七届全国人大一次会议通过了《第七届全国人民代表大会第一次会议关于国务院机构改革方案的决定》，启动了新一轮的机构改革。此次改革首次提出“转变政府职能是机构改革的关键”这一命题，强调改革同经济体制改革关系极为密切的经济管理部门，特别是其中的专业管理部门和综合部门内的专业机构，把业务相同或相近的部门予以撤并，其业务由一个部门承担；综合部门一般不设对口专业机构，行业管理工作由主管部门承担。具体改革措施包括：撤销了 12 个部委机构，重新设立了 9 个政府机构，国务院部委由 45 个减少到 41 个。同时，调整改革国务院的办事机构和直属机构，将国务院的办事机构由 4 个调整为 7 个，直属机构由 22 个调整为 19 个。这个规模基本上一直持续到 1998 年的机构改革，即之后 10 年内国务院机构改革并没有在数量方面进行大的调整。

3. 1993 年：社会主义市场经济体制下的首次改革

1992 年 10 月，中共中央正式确立了经济体制改革的目标是建立社会主义市场经济体制，市场经济作为一种配置资源的方式正式开始取代计划经济。市场经济的发展使得政府发挥作用的方式和提供公共物品的范围完全不同于计划经济时期的要求。为了适应这一重大转型，政府必须进行改革，这也正是 1993 年政府改革的背景。

1993 年 3 月 22 日，八届全国人大一次会议通过了《第八届全国人民代表大会第一次会议关于国务院机构改革方案的决定》。此次改革首次将适应社会主义市场经济发展的要求作为政府机构改革的主要目标，并且将机构改革的重点确定为转变政府职能，而转变政府职能的根本途径是政企分开。改革的主要内容为调整职能配置。改革之后，国务院组成部门为 41 个（含国务院办公厅），直属机构和办事机构为 18 个，机构共为 59 个。

1993 年的改革首次提出政府改革的目的是适应建设社会主义市场经济体制的需要。由此，改革的方向由侧重权力下放转向制度创新，由改革旧体制转向建立新体制。但是，由于受到历史条件的制约和宏观环境的限制，诸多行政体制问题未能得到根本性解决，机构设置与社会主义市场经济发展的矛盾仍然十分突出。

4. 1998 年：首次提出行政体制改革

改革开放后，经过 20 年的经济高速增长，随着中国在市场经济的基础上全面推行可持续发展战略，随着中国社会生活的丰富和多元化，中国旧的政府管理模式与新的市场经济、新的社会生活之间的矛盾已经充分显现并日趋尖锐化。经过 20 年的具有中国特色的改革开放，中国政府机构与经济发展的不适应性发展到了渐进式的量变积累产生质变的临界状态。基于此，进行全面的政府改革，已经成为不可逆转之势。

1998 年 3 月 10 日，九届全国人大一次会议审议通过了《第九届全国人民代表大会第一次会议关于国务院机构改革方案的决定》。改革的目标是：建立办事高效、运转协调、行为规范的政府行政管理体系，完善国家公务员制度，建设高素质的专业化行政管理队伍，逐步建立适应社会主义市场经济体制的有中国特色的政府行政管理体制。国务院对宏观调控部门、专业经济部门、科学教育文化部门、社会保障和服务部门、政务部门等进行了改革，其中重点对宏观调控部门和专业经济部门进行了改革。1998 年的机构改革是中国改革开放以来具有深远影响的一次机构改革，它为中国政府进一步改革和发展铺平了道路。

5. 2003 年：适应市场经济规则的职能体系的建立

前 4 次政府机构改革，是为了辅助完成同一个任务，即由计划经济向社会主义市场经济转型。到 2002 年，这个任务基本完成，政府的指导思想、部门设置、调控力度、运行方式等基本摆脱了传统计划经济体制的框架。摆脱的标志是 1998 年的改革，但摆脱了旧框架，并不意味着新框架就建立起来了。另外，加入 WTO 后的发展、小康社会的建设目标的实现，都有赖于政府改革的进一步深化。

2003 年 3 月 10 日，十届全国人大一次会议通过了《第十届全国人民代表大会第一次会议关于国务院机构改革方案的决定》。此次改革的主要内容是：第一，深化国有资产管理体制改革，设立国务院国有资产监督管理委员会。国资委专门承担监管国有资产的职责，是国务院直属的正部级特设机构。第二，完善宏观调控体系，将国家发展计划委员会改组为国家发展和改革委员会。第三，健全金融监管体制，设立中国银行业监督管理委员会。第四，继续推进流通管理体制改革，组建商务部，不再保留国家经济贸易委员会、对外贸易经济合作部。第五，加强食品安全和安全生产监管体制建设。经过改革，除国务院办公厅外，国务院组成部门调整为 28 个。

2003 年机构改革凸显了职能整合、监管强化和政企分开三大特点，体现了精简、统一、效能和依法行政的原则，为形成行为规范、运转协调、公正透明、廉洁高效的行政管理体制创造了条件。

6. 2008 年：大部门体制的探索

中国发展受到的约束，不仅在于其产业结构和资源条件，也在于政府部门长期累积的一些弊端。比如：对微观经济活动干预过多，社会管理和公共服务有待进一步加强；政府机构设置还不尽合理，部门职责不清、权责脱节和效率不高的问题比较突出；有些方面权力仍然过于集中，且缺乏有效监督和制约，滥用职权、以权谋私、贪污腐败等现象仍然存在。过去 5 次政府改革的重点在于精简机构和人员以及提高政府经济职能。但是，经济社会发展的新形势则要求政府重新定位其与公民、社会、市场的关系，重组其内部的行政权力。

2008 年 3 月 15 日，十一届全国人大一次会议通过了《第十一届全国人民代表大会第一次会议关于国务院机构改革方案的决定》。这次改革突出了 3 个重点：一是加强和改善宏观调控，促进科学发展；二是着眼于保障和改善民生，加强社会管理和公共服务；三是按照探索职能有机统一的大部门体制要求，对一些职能相近的部门进行整合，实行综合设置，理顺部门职责关系。此次改革涉及调整变动的机构有 15 个，正部级机构减少了 4 个。

2008 年机构改革从促进经济社会又好又快发展的需要出发，着力解决一些长期存在的突出矛盾和问题，既迈出了重要的改革步伐，又保持了国务院机构的相对稳定和改革的连续性，并为今后的改革奠定了坚实基础。在 2008 年改革的思路中，大部门体制改革是推进政府改革的一个总体思路。政府希望通过实现大部门体制来解决部门职能的交叉、职能重叠和部门之间的协调等问题。

表 3-1 为我们展示了中国大部门体制改革的 3 例优秀成果。广东省

顺德区，从中国改革全局的视阈来看，肩负着为全国改革探索道路的使命。特别是伴随着中国模式魅力的提升，中国特色社会主义道路越来越受到海内外学者的重视。如何认识中国在现有体制下逐渐实现治理并进而走向善治成为中国崛起给世界提出的一个重大课题。从这个意义上说，顺德区先行先试的探索意义非凡，也取得了辉煌的成就——61%的精简度，在整个中国可以说名列前茅。广东省深圳市和四川省成都市的改革，也是由点及面，通过学习顺德区改革经验，不断创新完善自身的改革制度，在改革过程中，同样取得了可观的成就（见表3-1）。

表3-1　　中国各地大部门体制改革成果实例

中国各地大部门体制改革成果			
地区	原有工作部门（个）	现有工作部门（个）	精简度（%）
广东省顺德区	41	16	61.0
广东省深圳市	46	31	32.6
四川省成都市	51	41	19.6

资料来源：各地区政府官网。

大部门体制将是未来行政管理体制改革的重点和亮点，应当将大部门体制改革放到整个行政管理体制改革的全局中来定位和设计，综合考虑政府改革的系统配套问题，将组织重建、体制变革、机制创新、职能转变、流程再造、管理方式创新以及相互关系的调整有机结合起来，以便全方位推进中国政府组织变革。因此，要从整体推进行政管理体制改革，实现政府治理创新和现代化，充分认识推进大部门体制的重大意义，将其作为加快行政管理改革的关键环节，按照实现中华民族伟大复兴中国梦的要求，加强领导、科学规划、周密设计、统筹协调、稳步推行。

7. 2013年：简政放权，“放管服”结合

2013年国务院第7次行政体制改革的鲜明特征是“由表及里”“表里如一”。机构改革是行政体制改革的“表”，职能转变是行政体制改革的“里”。

第7次行政体制改革，首先从“表”，也就是机构改革入手。实行铁路政企分开，打响了中国第7次行政体制改革的第一枪。一般来说，操作思路应该是先实现铁路政企分开，再实现大交通体制，但实际的改革举措是将政企分开与实现大交通体制“毕其功于一役”。这显示了这次行政改革的决心和信心。组建国家卫生和计划生育委员会，这是中央积极主动稳步推动大部门体制的重要标志。组建国家食品药品监督管理总局，回应了广大人民群众的诉求。组建国家新闻出版广电总局，标志着大文化体制建立迈出了第一步。重新组建国家海洋局，对推进海上统一执法、提高执法效能意义重大。

政府职能转变更具有决定性。政府职能是设立政府机构的依据，是政府投入资源、维持运转、开展工作的目的所在。如果一个政府机构履行的职能被取消，该机构便没有存在的必要；如果一个政府机构的职能被削弱，其规模必然要缩小，人员必然要裁减。因此，本次改革体现了以政府职能转变为核心的特点。

自1982年以来，我们已经完成了7次行政体制改革。应该说，每次改革的环境不同，所面临的问题也有很大差异，但对解决当时重大的经济、社会问题无疑都发挥了极其重要的作用，推动了中国经济社会的全面发展。这次改革的任务主要有：

一是把握“改革是中国最大红利”。改革开放以来促进中国经济高速发展的多重红利叠加状态已经开始改变，中国正依靠深化体制改革来继续释放改革红利。劳动力无限供给的人口红利，资本转移的全球红利，土地价格低廉、环境资源容纳能力相对较大的资源红利，周边局势稳定的和平红利，地方与企业积极性高涨的制度红利正在减少的现状使中国必须积极开发新的改革红利。

二是“最大限度地发挥市场机制的作用”。为了实现2020年建成完善的社会主义市场经济体制之目标，中国正以市场化为改革导向深化经济体制改革，而政府和市场的关系是经济体制改革的核心问题。中国正通过努力推进行政体制改革、垄断行业改革、资源性产品价格改革和金融体制改革来处理政府与市场的关系，努力解决好经济体制改革的这一核心问题。

三是“更好发挥社会组织在管理社会中的作用”。中国特色社会主义是亿万人民自己的事业，最广泛地动员和组织人民依法管理国家和社会事务、管理经济和文化事业是中国政府一直努力在做的事情。政府要让人民群众依法通过社会组织实行自我管理、自我服务和参与社会事务管理，更好地发挥人民的主人翁精神，推动社会和谐发展。然而，中国目前存在社会组织培育发展不足与规范管理不够的双重问题，政府在社会管理方面还存在唱“独角戏”的现象。

四是“把该由政府管理的事项切实管好”。比如，根据社会需求，健全社会保障、缩小收入分配差距、提高食品药品安全水平、提高出生人口素质和人民健康水平、改善医疗保障、改善住房保障、促进司法公正等。

五是“建设职能科学、结构优化、廉洁高效、人民满意的服务型政府”。就行政体制内部而言，依然存在 4 个方面的不足。第一，国务院部门管得过多过细问题，中央与地方积极性发挥不够。第二，职责交叉、权责脱节、争权诿责现象依然较多，行政效能不够高。第三，机构设置不够合理，一些领域机构重叠、人浮于事的问题依然存在。第四，对行政权力的制约监督机制不完善，不作为乱作为、以权谋私、贪污腐败等现象尚未得到有效遏制。中国政府在改革过程中深切地认识到这些不足，正通过建立权力清单，明确权责分配，调整现有行政机构设置，完善行政权力监督体系等措施来解决这些问题。

“简政放权”是强化管理、保障民生的必然选择。中国政府正通过改革下放权力来创新和强化社会管理，编织出一张覆盖全民的保障基本民生的安全网，通过加强和改善宏观管理，优化行政管理流程，将好的管理措施用在民生大计上。要切实加强市场监管，管好在食品、环境、安全生产等领域群众高度关注、反映强烈的问题。“简政放权”既是增强政府治理、建设现代化政府的内在要求，也是提升政府公信力、执行力和权威性，使政府能更好地服务人民群众的有效保障。

三、政府组织机构改革的评价

改革开放以来，为了适应经济体制和社会的变化，中国政府在职能界定、机构设置、运行机制、法治建设、协同治理、办公效率与透明化以及反腐等方面进行了一系列的改革与实践，初步实现了向现代化政府治理体系的转变。

1. 政府组织机构改革的成效

政府组织机构改革是适应社会发展规律、促进经济发展的必然要求。生产关系要适应生产力的状况，上层建筑要适应经济基础的状况，这是社会发展基本规律的要求。行政组织作为上层建筑的一个重要组成部分，归根到底是由经济基础所决定并为经济基础服务的，随着生产力的不断发展、生产关系的改革和完善，行政组织也必然要随之调整和改革，这是历史发展的必然，也是社会经济发展的必然。改革开放以来，中国政府在政府组织机构改革方面取得了巨大成就，总体来说，包括政府职能的转变、行政组织结构的优化、政府运行机制的完善等几个方面。

(1) 政府职能的转变。

改革开放前，中国政府具有典型的全能政府的特征：既掌握着宏观经济管理和调节的权力，又直接从事着微观的生产经营活动；既承担着经济和社会的管理职能，又担负着国有资产所有者的重任。这种全能政府在当时的历史条件下具有一定合理性，但随着社会的发展，其弊端日益凸显。它不仅导致政府机构膨胀，也导致社会生产力水平的低下、经济的恶性循环、社会资源和社会财富的浪费、权力寻租和政治腐败等问题。

随着经济体制改革的逐步深入，政府逐步将职能从无所不包的全能式的管制转变到有限的管理方面上来，政府职能界限日益明确。对市场机制能够自行调节的问题政府不再插手，但对市场失灵的领域，政府则集中力量切实管好，如对经济进行宏观调控、严格市场监管。对社会和公民能够自行解决的问题政府不再管制，但对于社会和公民不能单独处理或者解决的问题，政府会进行管理。如提供公共产品和公共服务等。可以看出，改革开放后，中国政府在职能转变上迈出了重要的步伐，政府职能逐步实现了由全能政府向有限政府、由管制型政府向服务型政府的转变。

（2）政府组织机构结构的优化。

政府组织机构是政府职能的载体，其结构是否合理，不但关系政府运转的效率，而且关系政府职能的实现程度。改革开放以前，中国政府组织机构结构存在的问题主要体现在机构设置的不合理。一方面，政府组织机构类型多，机构庞杂，导致职能交叉、多头管理、政出多门的问题十分严重；另一方面，行政组织体系内部的治理结构存在严重缺陷，有些政府部门职能定位不清，集决策、执行、监督于一身，加之尚未建立科学有效的监督和评价机制，权责脱节、监督缺位的现象仍然存在。

经过长达几十年的改革，政府的机构设置得到了有效优化。特别是2008年启动的大部门体制改革，针对部门之间职能交叉的问题，对一些职能相近的部门进行整合，实行综合设置，克服了多头管理、政出多门的现象，使机构设置更为扁平合理，权责关系更为明确，职能的履行更加专业化。

（3）政府运行机制的完善。

如果说政府职能是政府的核心，政府组织机构是履行职能的载体的话，那么政府的运行机制则是政府履行职能、实现对社会事务进行有效管理的一套程序和方法。几十年的政府改革，不仅重视职能的调整和机构的优化，更显著的变化在于不断完善政府内部的运行机制。

第一，科学民主的决策机制的建立与完善。一方面，中国政府坚持重大事项集体决策。这在一定程度上弥补了领导者个人决策的局限性，为提高决策的科学性提供了必要条件。另一方面，中国政府还建立了调查研究制度、专家咨询制度、社会听证制度、民主协商制度。这些制度的建立使决策有章可循，切实保证了政府决策的科学化。

第二，政府绩效管理机制的建立与完善。20 世纪 90 年代以来，推行政府绩效管理、提高政府工作效能已成为社会各界的共识并在各级政府中得到不同程度的推广。绩效管理机制为公共管理新模式提供了支撑，为公共行政提供了有效的管理工具，同时促成了政府部门间良性竞争机制的形成。

第三，行政问责制度和监督制约机制的建立与完善。推行行政问责，强化政府的监督制约机制，建立责任政府，已成为近几年中国行政改革的中心议题。政府正在实现从权力本位向责任本位的转变，初步形成了权力机关监督、政党监督、司法机关监督、政府内部监督、专门机构监督（如审计等）、新闻舆论监督、人民群众监督相结合的行政监督体系。

（4）法治型政府的建立与成熟。

依法行政是实现服务型、责任型政府的具体措施，也是提高政府公共服务质量和效率的制度保证。中国政府改革取得的最重要的成就在于法治政府的建设实现了历史性的跨越。

随着一系列规范政府行为的法律的制定和实施，法治政府的基本法律体系已经初步建成。以宪法为核心，以法律为主干，包括行政法规、地方性法规等规范性文件在内的，由 7 个法律部门、3 个层次的法律规范构成的中国特色社会主义法律体系已经形成。法治国家、法治政府、依法行政已经成为基本的国家方略和政治共识。

（5）政府工作效率与工作透明度明显提高。

行政审批制度的改革，极大地提高了政府的工作效率。在权力高度集中的计划经济时代，政府审批事项多、审批手续繁杂、审批时间长、多头重复的审批现象严重。改革开放后，政府对行政审批制度进行了一系列改革，取得了显著成效。

随着政府改革的逐步深入，政府工作的透明度显著提高。首先，新闻发言人制度的实施极大地提升了政府工作的透明度，1983 年，外交部首设新闻发言人制度，2003 年 SARS 事件后，该制度在全国各级政府普遍推行。新闻发言人制度使政务信息更加公开透明，日益成为政府与群众之间有效沟通的重要渠道。值得强调的是，在中国，政务公开制度，主要包括政务听证会制度、重大事项集体讨论决定制度、专家咨询制度、责任追究制度、定期通报制度、投诉举报制度、社会监督制度、新闻发言人制度、电子政务制度和公开评议制度这 10 种不同类型的制度。其次，电子政务的推行促使政府透明高效化。通过电子政务系统，政府与社会、民众的交流和互动变得十分快捷，政府系统的回应、处理能力进一步提高。最后，社会主义民主政治建设在一定程度上促成了政府工作的透明化。中国的政府工作越来越强调公民参与，强调公民和公共服务消费者对政府活动的评价。社会主义民主政治的这一发展是政府工作透明化的直接表现，同时又在一定程度上促成了政府工作的进一步透明化。

2. 政府组织机构改革的不足之处

中国历次改革成绩斐然，但也存在一些问题。

（1）政府职能方面的问题。

经济转型的复杂性决定了政府职能的转变将是一个长期而艰巨的过程。目前，政府职能的总体配置与政府机构的总体设置仍难以适应社会主义市场经济发展的要求，缺位、越位以及错位的情况仍然存在。一方面，政府承担了许多不该管、管不了、管不好的事情；另一方面，需要由政府提供的公共服务却不能实现充分的供给。

第一，政府职能缺位。这主要是指在基本公共产品和公共服务领域，政府没有尽职尽责。体现在：应由政府提供的生态环境保护和其他必要基础设施的建设仍然供给不足；医疗、养老、失业、救济以及其他社会保障服务的公共供给仍然不足；市场经济秩序、市场竞争规则、信用体系建设仍不健全；应由各级政府提供的公共教育服务、公共卫生服务、城市公用事业服务等，仍然不能满足社会公共需要。

第二，政府职能越位。这主要是指政府干了不该干的事情和管了不该管的事情。如政府直接包揽了本来可以通过市场进行的纯粹私人产品的生产与供应，以及可以由政府、企业、非政府公共组织共同提供的混合性公共物品的生产。具体可表现为政府职能与市场功能不分，政府与企业不分，政府与社会组织不分，政府与事业组织不分。

第三，政府职能错位。这主要是指政府内部发生的职能混乱现象，即“你干我的事，我越你的权，互相打乱仗”。政府职能错位是个老问题，在对政府职能进行大规模调整和改革的时期，这个问题就很突出：纵向上，既有中央政府对地方政府、上级政府对下级政府的职能错位，也有下级政府对上级政府、地方政府对中央政府的职能错位。具体谁错位更严重一些，在不同时期不同领域的具体情况不尽相同。例如，在土地等资源的管理上，几乎都是下级政府和地方政府错位较严重，而在人事、机构管理方面大多是上级政府错位较多。横向上，主要是各级政府部门间职能交叉、重叠，职权划分不清楚，互相推诿扯皮。条块关系上，既存在上级业务主管部门错位干预下级政府管理事务的现象，也存在下级政府错位干涉上级业务主管部门业务的现象。

（2）政府机构设置方面的问题。

政府机构的改革一直是历年来政府改革的主要内容，虽然近年来的改革重心逐渐转移到政府职能的转变上，但是，政府机构设置问题仍然是需要研究和注意的重点。毋庸置疑，以往 7 次机构改革都取得了显著成效，但每一次精简都以机构的再度膨胀、人员的再度增多而告终。政府机构改革始终难以摆脱精简—膨胀—再精简—再膨胀的循环，最终陷入类似“黄宗羲定律”① 的怪圈。

（3）政府间关系方面的问题。

政府间关系，也称府际关系，是指政府之间在垂直和水平上的纵横交错的关系，以及不同地区政府之间的关系。它包括中央政府与地方政府之间、地方政府之间、政府部门之间、各地区政府之间的关系。

---

① 学者秦晖在《并税式改革与“黄宗羲定律”》中总结出的定律：历史上的税费改革不止一次，但每次税费改革后，由于当时社会政治环境的局限性，农民负担在下降一段时间后又涨到一个比改革前更高的水平。明末清初的思想家黄宗羲称之为“积累莫返之害”。

目前，政府间关系中存在的问题突出表现在以下两个方面：一方面，“条条”过分集权。中国的“条条”数量较多，权力也比较大，甚至管了很多不该管的事情，在某些领域制约了地方，影响了地方党政机关职能的完整发挥。但是，表面上看似强大的“条条”在一些需要发挥作用的领域，比如遏制地方保护主义、形成全国性的统一大市场等方面，却未能表现出足够的支配力，也未能充分体现其管理的权威。另一方面，“地方无能”与“地方全能”的现象并存。从理论上看，地方政府没有多少权力，但事实上，地方政府的权力非常大，而且权力缺乏有效的制约和监督。首先，地方政府的职能几乎是无所不包，每一级地方政府都要管理其辖区内的“所有的事情”，其职能涉及经济、科教、文卫、交通、民政等各个领域。其次，中央政府对地方政府的监督受到距离的限制，而对地方政府而言，平行的监督和自下而上的监督是难以发挥作用的。

（4）行政观念的问题。

第一，人大于法的观念仍有残留。传统的人治思想在政府管理中还有残留，主要表现在：行政行为唯上不唯法、有法不依、长官意志、“一言堂”盛行；行政管理不重视制度建设，强调个人的道德自觉和政治教化，带有浓厚的贤人政治色彩；人存政举、人亡政息的现象仍然存在；公务员的法律意识比较淡薄，以言代法、以权压法的行为时有发生。众多人治现象反映的是源远流长的人治行政观念。它与社会主义市场经济条件下行政管理的法治化精神是相悖的。市场经济要求政府依法行使职权，而要使政府的行政活动和公职人员的行政行为被有效地纳入法制的轨道，除了以健全的法律法规规范政府行为、行政职能、运行方式以及行政监督的范围与方式外，更需要通过教育和规制培养政府及其工作人员依法行政的观念意识，树立契约观念和依法办事的观念，有效地减少行政过程中的主观随意性和个人狭隘性。

第二，权力至上的观念仍然存在。权力至上观念盛行，源于政府官员对权力来源问题的认识不清。政府机关及其工作人员没有认识到手中的权力实际上来源于人民的让渡，不愿承认“政府只不过是主权者的执行人”，而认为自己就是权力的拥有者，这导致一些公职人员在行政活动中习惯以管理者、命令者的身份自居，偏好于用命令和强制的方式进行管理，忽视了与权力相伴随的责任以及行政相对人的权利。

第三，重管制、轻服务的观念仍然存在。在市场经济条件下，传统管制型政府的管理模式已经面临严峻的挑战，建设服务型政府成为政府改革的目标之一。但是，“官本位”的思想在中国长期居于主导地位，使重管制、轻服务的观念在中国的政府管理中仍然存在，政府更多的是以居高临下的管制态度行事，而没有真正做到“将管理寓于服务之中”，从根本上实现全心全意为人民服务的宗旨。

Administrative Reform in Contemporary China

第四章

干部人事制度改革

4

干部人事制度改革

自改革开放以来，中国的干部人事制度发生了巨大变化。由“干部”到“公务员”称呼的嬗变，就是一个缩影。新民主主义革命时期，在中国共产党领导下的革命根据地，干部指在共产党和共产党所领导的军队及革命团体中担负一定领导责任的人员，以及在共产党领导的苏维埃政府、边区政府、工农民主政府中担任一定公职的人员。中华人民共和国建立后，干部一词的含义变化不大，主要指国家机关，中国共产党组织、群众团体中的工作人员，以及国营企事业单位的管理人员和各类专业技术人员。直到 1987 年党的十三大，党才将公务员界定为“政府中行使国家权力，执行国家公务的人员”。1993 年 8 月 14 日，国务院发布了《国家公务员暂行条例》，其中第三条规定我国公务员专指各级国家行政机构中除工勤人员以外的工作人员。2005 年 4 月 27 日公布的《公务员法》则对该定义进行了修正，规定公务员是“依法履行公职、纳入国家行政编制，由国家财政负担工资福利的工作人员”，但凡符合这三个条件的，我们就可以称之为公务员。至此，公务员在中国有了明确的定义和范围。

全面深化改革，需要有力的组织保证和人才支撑。深化干部人事制度改革，是造就高素质执政骨干队伍，形成人才辈出、人尽其才干部人事制度的保证。干部人事制度改革是行政体制改革的重要组成部分，也是行政体制改革中必不可少的一部分。随着改革开放和社会主义现代化建设事业的发展，进一步推进干部人事制度改革，建立起具有中国特色的、符合发展社会主义市场经济要求的、充满生机与活力的干部人事制度，是党和政府发展的必然要求和趋势。

干部制度是干部管理体系、管理制度及其工作机制的总称。它为干部队伍建设提供制度保证，为实现党的政治任务服务。在不同的历史时期，政党的历史使命和中心任务不同，对干部队伍建设的要求也不一样，相应地，干部制度也会有不同的特点。人事制度是指国家机关或事业单位对工作人员的录用、培训、考核、升降、调配、奖惩、离退休等方面的规章和条例，是用人的行动准则、办事规程和管理体制的总和。

一、干部人事制度改革的历史背景

1. 创建和发展时期

1949 年 10 月到 1956 年，新中国在中国共产党领导下，逐步完成了从新民主主义向社会主义的转变。为保证这个历史任务的完成，党中央制定了一系列与此相适应的干部路线、方针、政策，确立了干部人事管理的体制制度，建立了从中央到基层、各级各部门党和行政系统的干部人事机构，围绕恢复和发展国民经济中心任务，开展干部人事工作，初步建成了一支适应社会主义革命和建设需要的干部队伍（见图 4－1）。

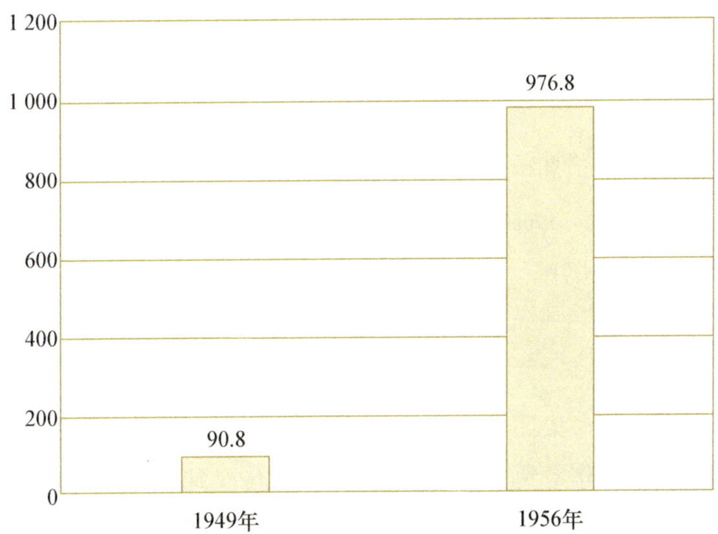

图 4－1　1949 年、1956 年全国干部总数（万人）

资料来源：中国政府网。

2. 曲折前进和完善时期

党的八大确立了“四个现代化”的建设目标，中国开始加快国家工业化建设步伐。为此，党中央及时调整了干部人事工作的方针政策，提出了稳定提高干部素质，调整精简下放机关干部，重新教育干部，培养和提拔新生力量，实现党的干部队伍又红又专的方针，把干部人事工作和队伍建设推进到了一个新的阶段。之后，由于受“左”的思想影响，干部人事工作遭到了不同程度的干扰。但总的来说，这期间干部人事工作在曲折中前进，在实践中完善，围绕大规模经济建设的需要，培养了大批懂经济、懂管理、懂教育文化和科技的骨干（见图 4－2）。

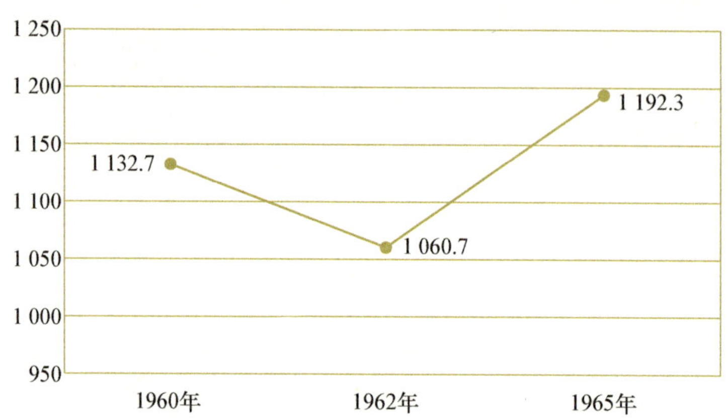

图 4－2　1960 年、1962 年、1965 年全国干部总数（万人）

数据来源：中国政府网。

3. 挫折倒退时期

在林彪反革命集团、江青反革命集团的破坏和“文化大革命”期间，干部人事工作遭到了严重破坏，干部队伍受到了严重摧残。大批领导干部被当成“走资派”批斗，大量专家、学者被扣上“反动学术权威”的帽子，大批干部被下放到“五七”干校劳动改造（见图 4－3）。人事部门被撤销，人事工作陷于瘫痪。在这期间，毛泽东、周恩来，特别是恢复工作的邓小平，果断采取措施，通过整顿领导班子，清除帮派势力，起用党性强的老干部，挽回了一些损失。

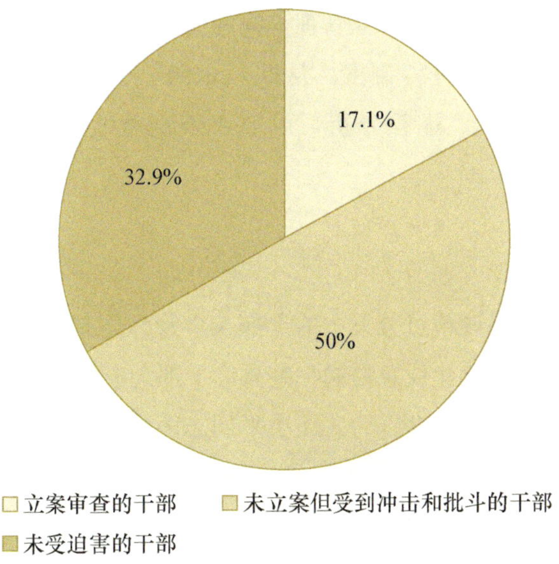

图 4-3　干部人事工作被破坏情况

数据来源：中国政府网。

4. 拨乱反正和改革开放时期

1976 年粉碎“四人帮”以后，干部人事工作与其他战线一样，开始拨乱反正，继而进入了改革开放的重要历史时期。从某种意义上说，拨乱反正是改革开放的思想、舆论和组织准备，是改革开放的序幕。干部人事工作的拨乱反正，首先是从落实干部政策开始的。“文化大革命”期间，林彪反革命集团、江青反革命集团制造了大批冤假错案，根据中央关于“凡是不实之词，凡是不正确的结论和处理，都要改正过来”的要求，相关部门大规模开展了改正冤假错案的工作。1978 年以后，中央决定逐步恢复各级人事工作机构，充实加强干部人事管理工作。整顿“以工代干”，试行考试录用制度，加强干部队伍管理，为改革开放做了全面铺垫工作。

二、干部人事制度改革历程

1978 年党的十一届三中全会，把工作重点转到了社会主义现代化建设上来。全会还强调，要加强管理机构和管理人员的权限和责任，认真实行考核、奖惩、升降等制度。从此，开创了干部人事制度改革的先河。从改革的内容、进程分析，干部人事制度改革大体经历了三个阶段。

1. 第一阶段：1982—1986 年

这期间主要是改革过分集中的干部人事管理体制，下放干部管理权限，建立四个现代化建设急需的一些具体干部人事管理制度。

党的十一届三中全会以后，邓小平同志多次强调，要改革权力过分集中的管理体制，大力精简各级经济行政机构，实行分级分工分人负责。他强调，解决组织路线问题，就是要解决年轻人的接班问题，还要解决机构臃肿和退休制度的问题，加快实现干部队伍的“革命化、年轻化、知识化、专业化”。

在邓小平领导下的 1982 年国务院机构改革，实际上是一次深刻的管理体制和干部人事制度改革。这次机构改革，一是改革领导体制，减少副总理人数，设置国务委员，形成了由国务院总理、副总理、国务委员和秘书长组成的国务院常务会议决策机制，加强集体统一领导和分工负责制度，提高工作效率。二是废除干部终身制，建立退休制度，规定部委正职 65 岁、副职和司局级 60 岁退休。这促进了新老干部交替和干部队伍“四化”的实现。三是精减机构人员，国务院机构由 100 个裁并为 61 个，部委领导班子正副职为 3～5 人，部委内设司局正副职为 2～3 人。国务院编制由 51 000 多人减少为 38 300 人，精减约 25%。这次国务院机构改革，首开了从上到下大规模的组织、人事制度改革之风。

2. 第二阶段：1987—1999 年

此阶段对干部人事制度进行全面改革。在 1987 年召开的党的十三大上，党中央在总结前一段干部人事制度改革经验的基础上，进一步确立了全面改革干部人事制度的指导思想、具体内容和当前重点，即“三个改变”“三个建立”。具体说就是：改变集中统一管理的现状，建立科学分类管理体制；改变用党政干部的单一模式管理所有人员的现状，形成各具特点的人事管理制度；改变缺乏民主法制的现状，实现干部人事的依法管理和公开监督。党中央强调，当前干部人事制度改革的重点，是建立国家公务员制度。党的十三大以后，全国出现了一个全面改革干部人事制度的热潮。《国家公务员暂行条例》经过 8 年多上上下下多次征求意见，反复修改，最后经党中央、国务院批准于 1993 年正式颁布施行。在国务院 6 个部门、2 个城市进行试点的基础上，结合机构改革和工资制度改革，公务员制度在全国全面推行。与此同时，党群系统以及人大、政协机关等分别实行或参照实行《党的机关工作人员条例》《国家公务员暂行条例》。这是对传统干部人事制度的一次全面改革，是依法管理干部人事工作的重要开端，在干部人事工作历史上具有重大的意义。

3. 第三阶段：2000 年至今

2000 年至今，是中国干部人事制度全面深化改革的阶段。20 世纪 90 年代后期，中国经济体制改革取得了重大进展，2001 年中国正式加入 WTO，经济管理各方面开始与世界接轨，以民主政治为核心的政治体制改革和各项社会改革积极展开，这就对干部人事制度改革提出了更高更新的要求。根据客观需要，党中央于 2000 年颁布了《深化干部人事制度改革纲要》，提出要建立起一套与建设中国特色社会主义经济、政治、文化相适应的干部人事制度。根据深化改革的具体要求，中共中央在试点基础上于 2002 年颁布了《党政领导干部选拔任用工作条例》，之后又在 2004 年下发了《公开选拔党政领导干部工作暂行规定》等 5 个法规文件，有效地引进竞争激励机制，规范党政领导的正常流动。2005 年 4 月，十届全国人大常委会第十五次会议审议通过了《中华人民共和国公务员法》（2006 年 1 月 1 日起施行）。《中华人民共和国公务员法》是中国第一部关于干部人事工作的重要法律，是干部人事管理的总章程，填补了历史空白，在干部人事工作法制化进程中具有重要里程碑意义，标志着中国干部人事制度开始走上科学化、民主化、法治化轨道。2018 年 12 月 29 日，十三届全国人大常委会第七次会议表决通过了《中华人民共和国公务员法（修订草案）》，新法于 2019 年 6 月 1 日起施行。70 余处修改，涉及公务员的层次设置、考核晋升、待遇保障、监督惩戒等方面，标志着中国公务员管理法治化、规范化、科学化进入新阶段。对于建立一支信念坚定、为民服务、勤政务实、敢于担当、清正廉洁的高素质专业化公务员队伍意义重大。

三、对中国干部人事制度改革的评价

1. 中国干部人事制度改革所取得的成就

（1）创造了一套中国特色人才理论。

改革开放以来，面对时代发展对人才的需求和挑战，中国共产党坚持与时俱进，进行理论创新，对马克思主义人才思想做出了全面发展，创造性地提出了适应时代要求、体现时代特色的人才观，先后形成了中国特色社会主义人才理论成果。这是党中央领导智慧与群众智慧、马克思主义人才理论与干部人事制度改革实践相结合的产物，是马克思主义人才理论中国化进程中的一个重要成果，对中国干部人事工作具有长远的指导意义和重要理论价值。这套理论科学地分析了人才人事工作面临的新情况、新问题、新任务，深刻阐述了人才工作与发展社会生产力之间的关系以及组织路线与政治路线之间的关系，回答和解决了如何为建设中国特色社会主义提供人才保证以及新时期人才工作的地位作用、基本原则、指导思想、目标任务、制度建设、工作方法等一系列问题，成为知识经济时代和改革开放新时期的人才理论，包含一系列干部选拔任用原则（见图 4－4）。

（2）初步建立了适应国情的干部人事管理体制机制。

干部人事制度改革的总目标是：从中国国情出发，通过深化改革，逐步创造一个公开、平等、竞争、择优的用人环境，建立一套干部能上

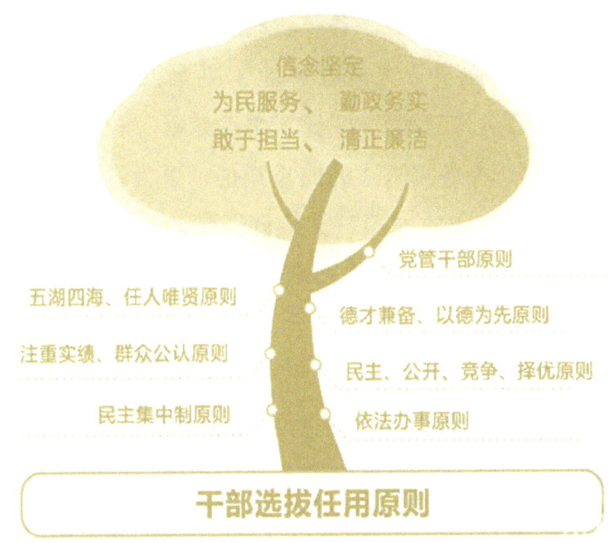

图 4-4　干部选拔任用原则

能下、能进能出、充满活力的管理机制，形成一套法治完备、纪律严明的监督体系。经过多年的奋斗，改革的总目标已经初步实现。中国已经制定了一部公务员法，在党政等各类各级机关普遍推行公务员制度，从进入队伍到职务晋升，普遍引进竞争机制，促进优秀人才脱颖而出。改革通过废除干部终身制，完善辞退、辞职、退休制度，形成了正常的更新交替机制，实现了各级领导层新老交替制度化、程序化。通过建立公开选拔、竞争上岗、任前公示、任期使用、全委会表决等制度，逐步实现了领导干部选拔任用、考核监督的规范化和制度化；通过完善民主推荐、民意测验、民主评议，实行届中考核与平时考核相结合的方式，加强了群众对干部的监督，扩大了群众参与干部工作的民主权利，提高了干部选拔任用工作的民主化程度。干部的培训、考核、交流力度不断加大，特别是重点部门、关键岗位的领导干部的培训、交流形成了制度。所有这些，都激发了干部队伍和干部人事工作的活力、效率和积极性。

(3) 初步创造了有利于优秀人才脱颖而出、健康成长的社会生态环境。

尊重知识、尊重人才的理念深入人心，吸引人才、用好人才的制度环境和文化氛围正在逐步形成。各级政府及用人单位更加注重在竞争中选拔人才，在实践中培养人才，在事业中凝聚人才，在生活中关心人才。“新世纪百千万人才工程”、“长江学者计划”和“春晖计划”等一批人才工程的实施，为各类人才的成长开拓了更为宽阔的渠道。在国家“拓宽留学渠道，吸引人才回国，支持创新创业，鼓励为国服务”方针的指引下，出现了留学人员、海外高层次人才回国工作、投资创业的热潮。

（4）基本建成一支规模宏大、门类齐全、素质较高的人才队伍。

经过长期的改革发展，中国已初步建成了规模宏大、专业门类齐全、素质较高的人才队伍，基本满足了现代化建设和经济社会发展的需要。多年来，中国的干部队伍结构逐渐优化，为持续推动中国的发展建设提供了组织保障。例如，2011 年至 2013 年，在地方党委换届中，共有 2 897 名村党组织书记、1 658 名大学生村官、7 089 名乡镇站所负责人、5 476 名企事业单位人员进入乡镇领导班子。再如，从 2012 年起，中央机关公务员招录计划，除部分特殊职位外，全部招录具有两年以上基层工作经历的人员。合理的干部队伍结构、优良的干部素质，为干部人事制度的改革与创新提供了坚实的组织保障，为继续深化干部人事制度改革提供了组织动力。

这些干部人事制度改革所取得的成果，证明中国的干部人事制度改革初步成功，但距民众的期望还有一定的差距，还需要持续深入地推进干部人事制度改革，确保公民对干部队伍的满意度进一步提升。

2. 中国干部人事制度改革存在的问题

干部人事制度自 20 世纪 80 年代开始进行改革，迄今为止，在竞争性选拔、基层公推直选、干部交流、干部监督等方面取得了一定的实效和诸多重要进展，获得了许多宝贵的经验，并得到了社会的广泛认同，干部人事制度改革在整体推进中不断深化，但总体来看，与党和国家事业发展的新要求和人民群众的新期盼相比，还有很长的路要走。

（1）选人用人机制仍不健全。

中国的人事制度改革特别是领导干部的选拔任用经过多年的改革和探索，应该说有了不少进步，使得不少贤能入仕，壮大了中国的干部队伍并提升了党的执政能力。但问题仍然存在，主要是选拔优秀人才和监督干部队伍的制度还有待进一步改革和完善，不规范的人才竞争和不健全的人事制度这些问题依然存在，好人吃亏，庸才和劣才入仕升迁的现象并不少见。中国出现多年的"数字升官""虚假政绩升官"以及屡斩不断的腐败问题，引起人民群众的普遍不满。这当然反映了领导干部队伍的道德教育问题，但问题出现的更深层的原因是领导干部选拔、淘汰、监督制度不到位、不协调。

（2）优胜劣汰的机制尚不健全。

中国长期以来一直采用干部等级制度，每个干部都有一定的级别，除非因犯错误而受降级处分，这种级别一般来说是只升不降的。而且，国家干部的地位和待遇长期以来主要是由行政级别来确定的，这种等级观念已在人们头脑中根深蒂固。除了干部到龄离退休外，不称职、不胜任的现职干部难以及时调整和更换，干部队伍缺乏应有的生机与活力，这实际也是一种铁饭碗、大锅饭。因此，解决干部能上不能下的问题仍然是当前干部工作中的一个难点。虽然这些年来领导干部任职试用期制、任期制、聘任制、辞职制等制度的实施，在一定程度上疏通了干部"下"的渠道，但在实践中这些制度贯彻落实还不到位，尤其是引咎辞职和责令辞职制度没有得到很好的落实。究其原因，主要是配套的政策措施没有跟上，制度在实际工作中不便于操作。

自 2009 年《地方党政领导班子和领导干部综合考核评价办法（试行）》实施后，哪些干部该提拔，国家有了相对具体的标准依据，但是不提拔的干部中哪些干部该留，哪些干部该退、该出，国家仍缺少明确的依据和考核标准，且缺乏操作性强的制度。由于缺乏岗位职责规范和任期目标，对不同类型的干部实绩的考核又没有明确标准，所以政府难以对干部是否称职、胜任做出令人信服的评价。这导致干部正常退出缺乏评定标准，政府难以对表现不好的干部甚至是群众公认度不高、反应较差的干部进行调整。另外，没有制定出一套客观公正、科学完备的不称职干部的认定标准，也是干部能上不能下的关键和难点所在。由于调整不称职、不胜任现职干部缺乏明确具体的认定标准和切实可行的操作办法，加上社会保障体系不健全，许多具体问题难以解决，干部“下”和“出”的渠道不够畅通，所以在基层党组织中干部能上不能下、能进不能出的现象依然比较严重。其后果是干部职责不清、赏罚不明、机构臃肿、人浮于事，官僚主义严重。

（3）干部监督机制弱化。

自秦汉以来，中国长久地存在“官本位”现象。官僚占有最多的社会资源，也获得了最多的社会荣耀。做官就有一切，不做官就没有一切，这种现象和思想至今在社会上都有一定影响。在缺乏有效监督的制度环境下容易引发不正当的权力争夺，形成用人腐败。甚至可以说，用人上的腐败是当今社会最大的腐败，目前查实了的领导干部腐败案件几乎都与用人上的腐败和干部监督机制的弱化密切相关。重选拔任用、轻监督管理的问题比较突出，也比较普遍，有很多制度只规定该怎么做，而对不该怎么做、违反了规定怎么处理、谁来处理等，则规定得不明确。有的制度本身很好，但贯彻执行不力，形同虚设。

概括起来，上述问题的重要原因在于干部人事制度改革不彻底、不到位、落实难。解决这些问题的根本出路在于，继续坚定不移地推进改革、深化改革、完善改革。

Administrative Reform in Contemporary China

ADMINISTRATIVE REFORM IN CONTEMPORARY CHINA

第五章

法治政府的建设

5 法治政府的建设

对法治的认可和实行，已然成为现代民主国家的普遍选择。建设法治政府是中国行政体制改革的重要目标，也是贯彻落实依法治国基本方略、加强政府自身建设、维护群众根本利益的必然要求，是促进政治体制及社会体制全面进步的核心内容。全面依法治国、建设法治国家和法治政府，是新的历史条件下中国民主政治建设的重要内容，也是行政体制改革的重要组成部分。

在中国，“依法治国，建设社会主义法治国家”已经通过宪法修正案而载入国家的根本法，成为在新的政治、经济形势下的基本治国方略。从此，建设社会主义法治国家便成为党和国家的奋斗目标。为贯彻落实依法治国基本方略，推进政府改革，中央政府在 2004 年的政府工作报告中明确提出了法治政府的建设目标。这一目标的提出，既是中国政府在新的历史时期以法律维度对自身进行的重新审视，也是对一直以来学界和实践中关于有限政府、责任政府、透明政府、廉洁政府等命题更为理性、科学的理解与整合。法治政府建设是服务型政府建设的内在要求与必然途径，其自身构成政府改革的一项基本目标，同时也可以理解为通向服务型政府的有效途径。

一、中国法治政府建设历程

改革开放以来，中国经历了深刻的社会变革。伴随着经济和社会的飞速发展，在这场社会变革中法治政府的建构无疑是最重要的组成部分。在这一时期中，社会主义民主不断健全、社会主义法治不断加强，法治政府的建立与发展可以说经历了一个从无到有、从零散到逐步完善的过程。回顾过去的改革历程，大体上可以将法治政府的建设划分为准备、启动和全面推进三个阶段。

1. 建构法治型政府准备阶段（1978—1989 年）

1978 年，党的十一届三中全会解放思想，深刻总结历史经验教训，使人们对民主法制建设的认识有了一个历史性的飞跃。在这一时期，为了回应整个社会建立健全行政法制的迫切要求，党中央虽然尚未在理论层次明确系统地表明法治政府的提法，但实际上已经开始启动建构法治型政府的历程。

（1）恢复行政法制，规范政府职权。

1979 年，全国人大常委会做出相关决议，恢复了一大批新中国成立后颁布实施而在“文化大革命”中被破坏取缔的法律法规，在一定程度上解决了行政领域无法可依的问题，行政法制重建迈出了重要的一步。在同一年，国家颁布了包括《中华人民共和国地方各级人民代表大会和地方各级人民政府组织法》在内的 7 部法律，并将地方各级革命委员会改为地方各级人民政府；1982 年通过了《中华人民共和国国务院组织法》，将国务院的组织和活动重新引回法制的轨道，从此对国务院和地方各级人民政府的组织、职权和工作方式进行了详尽的规定，确定了政府职权法定的观念。

（2）明确法制宗旨，强化民主制度。

如果说党的十一届三中全会为新时期法制建设创造了思想条件，那么，1982 年宪法则为法制的发展和振兴奠定了新的法律基础。1982 年版宪法：重新确认了作为行政法制基础的人民主权原则，规定国家的权力属于人民，行政机关由人民代表机关产生，对其负责，受其监督；规定一切国家机关，包括国家行政机关都必须在法律范围内活动，任何组织或者个人都没有超越宪法和法律的特权，确立了“法律至上”的行政法治原则；重新确定了国务院和地方各级人民政府的性质、地位；等等。1982 年版宪法以根本法的形式确定了行政法制的宗旨和发展方向，不仅对恢复之前中断的行政法制具有重大意义，而且极大地推动了其在今后的进一步发展。

（3）确定立法权限，规范立法程序。

在 1982 年版宪法颁布之前，虽然行政机关从未停止发布调整各种行政社会关系的规范性文件，但行政立法的法律地位不甚明确。正是这部宪法确认了行政立法的法律地位，规定国务院有权制定行政法规，国务院各部委有权制定规章。在此之后，省、自治区、直辖市人民政府及其所在地的市和经国务院批准的较大的市的人民政府也被地方组织法赋予了制定规章的权限。这时，行政立法已经成为法律的有益补充，是现代法治的必然要求。当然，现代法治不仅要求明确行政立法的法律地位，更要求以法律规范行政立法。因此，中国现行宪法规定，全国人大常委会有权撤销国务院制定的同宪法和法律相抵触的行政法规，地方各级人大常委会有权撤销本级人民政府制定的不适当的决定和命令（含规章）。而且，国务院和各省、自治区、直辖市也先后颁布了行政法规和地方政府规章的暂行条例或规定，使整个行政立法逐步完善。

2. 法治型政府的启动阶段（1989—2004年）

随着市场经济体制改革的不断探索和推进，中国的行政法制也开始逐渐朝与市场经济模式相适应的方向转变。同时，由于进一步深化改革、扩大开放的需要和社会法制观念的不断深入，政府由微观“管制”逐渐开始向宏观的“管理、规范和调控”转化，管理权限和管理手段也随之变化。这些变化主要体现在行政法律、法规的立、改、废以及实施过程中，在这一时期，我国集中出台了一些具有代表性的法律。

(1)《行政诉讼法》。

1989年，借政治改革之势，以学者们推动的行政诉讼法及时出台为突破口，我国通过法律的形式第一次要求各级政府及其工作人员依法行政。出台《行政诉讼法》不仅是建立了一项诉讼制度，更重要的是建立了一项民主制度。公民有权与政府及其官员对簿公堂，依法行政成为政府官员不敢轻视的一条行为准则。并且，在《行政诉讼法》出台之后，中国分别在1994年和1999年颁布了《国家赔偿法》和《行政复议法》。以这三部法律为基础，中国建立起了以行政复议、行政诉讼、行政赔偿为核心的行政救济法律制度，为行政相对人的合法权益提供了法律上的保障。

(2)《行政处罚法》。

在《行政处罚法》颁布之前，行政执法人员滥处罚、乱罚款的现象层出不穷，处罚的种类繁多、手段各异，理由也是千奇百怪。《行政处罚法》的出台，第一次以法律的形式对行政行为的设立和实施进行了实体和程序方面的全面规范。这部法律规定，对违反行政管理秩序的行为给予的处罚，只能由法律、法规或者规章设定，并由行政机关按照该法规定的程序实施。

(3)《行政许可法》。

从 1998 年开始，为适应改革开放的发展要求与历史的发展趋势，从中央到各地方先后开展了行政审批制度改革工作，到 2003 年，正式以法律的形式确定了改革成果并确定了行政许可制度。《行政许可法》对行政许可设定的事项和程序等做了严格限制和规定，对公民、法人或者其他组织能够自主决定的，市场竞争机制能够有效调节的，行业组织或者中介机构能够自律管理的，行政机关采用事后监督等其他行政管理方式能够解决的事项，一般不设定行政许可。《行政许可法》还规定，行政机关实施行政许可必须合法、公开、公正、便民，遵循不得擅自改变已经生效的行政许可的信赖保护原则。

除了这些具有代表性的行政法律之外，在这期间还出台了多部行政法规。比如：1993 年的《国家公务员暂行条例》，这是第一部规范各级政府公务人员的行政法规，使中国干部管理制度改革走向公务员化，使公务员管理走向规范化、制度化和法律化；2000 年出台的《立法法》，2001 年出台的《行政法规制定程序条例》《规章制定程序条例》，都代表着中国政府的立法行为开始走向规范化、制度化和法律化，行政立法活动开始有了程序制约。至此，中国已初步建立起了一套相对完整的基本行政法治体系。

3. 法治政府的全面推进阶段（2004 年至今）

依法行政，建设法治政府，是全面落实依法治国基本方略的重要内容，成为中国政府施政的基本准则。多年来，中国政府采取一系列措施切实推进依法行政，建设法治政府。在 2004 年，中国政府发布《全面推进依法行政实施纲要》，明确了建设法治政府的目标，提出了此后 10

年全面推进依法行政的指导思想和具体目标、基本原则和要求、主要任务和措施。随着法治政府建设的全面推进，各级人民政府的行政权力已逐步走上法治化轨道，规范政府权力取得和运行的法律制度基本形成，依法行政取得了重要进展。之后，党的十八大把法治政府基本建成确立为到 2020 年全面建成小康社会的重要目标之一，提出到 2020 年基本建成职能科学、权责法定、执法严明、公开公正、廉洁高效、守法诚信的法治政府，要使政府职能依法全面履行，依法行政制度体系完备，行政决策科学民主合法，宪法法律严格公正实施，行政权力规范透明运行，人民权益切实有效保障，依法行政能力普遍提高。

纵观这一历程，中国经历了从政策和法律混合到法律独立，从无法可依到有法可依，从人治观向法治理念的巨大转变，同时，在民主法治建设和法治政府的建构方面也取得了很多令人感到自豪的成就。

二、中国法治政府的建设目标

法治政府建设目标是法治政府评价的标杆，是法治政府绩效评价的基础，也是国家发展目标不可或缺的组成部分。

1. 规范行政立法

行政立法是指有立法权的行政机关依照法定程序，在自己的职权范围内制定并颁布有关行政管理事项的、可以普遍适用的规范性法律文件的活动。中国的行政立法职权划分如下：国务院有权制定行政法规，国务院下属的部委可以制定部门规章，省、自治区和直辖市的人民政府以及部分市的人民政府可以制定地方政府规章。

政府的行政立法权是政府将职权行使过程中的许多探索和创新加以规范化、制度化的重要方式。规范行政立法，不仅需要落实《立法法》等相关法律规定的行政立法在内容上的各种限定，还需要切实贯彻法规规章的备案审查制度。规范行政立法，还需要加强对旧的行政法规和规章的清理。按照“立新法”与“改旧法”并重的原则，对不符合经济社会发展要求，与上位法相抵触、不一致，或者相互之间不协调的行政法规和规章，要及时修改或者废止。建立规章和规范性文件定期清理制度，每隔若干年整体清理一次，清理结果要向社会公布。

2. 科学民主决策

决策权是指各级政府在为本辖区提供社会公共服务的过程中做出决策的权力，如基础设施建设、发展文教事业、提供公共交通等。如果说行政立法权只是部分政府的权力，那么决策权就是各级政府（以及各政府部门）普遍拥有的权力了。

科学民主决策，最主要的是明确政府和人大职权范围的界限。许多政府决策属于当地的重要事项，因此与本级人大的重大事项决定权发生了重合乃至冲突。当然，从理论上讲，人大讨论决定重大事项，政府只是执行机关，所以政府无权决定重大事项。但地方人大在会期、成员能力、专业性等方面的因素，使得地方行政机关在这种冲突中往往处于优越地位。例如“厦门PX项目事件”①、广州番禺建垃圾焚烧厂的争议②、上海建设磁悬浮列车的争议③等，都表现为当地政府与当地居民的互动，而当地人大及其常委会却沉默以对。这种情况不仅与人民代表大会制度基本理念不符，而且

---

① 厦门PX项目事件是指2007年福建省厦门市部分群众对海沧半岛计划兴建的对二甲苯（PX）项目进行的抗议事件。由于担心化工厂建成后危及民众健康，该项目遭到百名政协委员联名反对，市民集体抵制，直到厦门市政府宣布暂停该工程，PX项目事件的进展牵动着公众眼球。

② 2009年广州市政府决定在番禺区大石街会江村与钟村镇谢村交界处建立生活垃圾焚烧发电厂，计划于2010年建成并投入运营。10月番禺大石数百名业主发起签名反对建设垃圾焚烧发电厂的抗议活动，11月，中央电视台公开报道广州番禺垃圾焚烧厂这一全国性的公共政策事件。12月20日，番禺区委书记谭应华应丽江花园业主代表邀请，在与反对垃圾焚烧厂建设的业主座谈后宣布此项目被叫停。

③ 如今，世界上最早运营的磁悬浮列车正以每小时400公里的速度飞驰在中国上海，运营了三四年之后，人们对磁悬浮的危害的了解渐多，随着预算达到400亿的沪杭磁悬浮工程的立项，各种各样的拆迁动员令下发，上海工程市区沿线特别是闵行区的居民反应尤其强烈，据说，仅国家有关部门进行环保测评时就有5 000多名居民上访要求确保沪杭磁悬浮工程不对附近居民造成磁辐射等伤害，迫于压力，经过上报批准，工程指挥部下达了暂缓建设沪杭磁悬浮工程通知。

由于部门利益和其他外部利益导致的行政决策本身重效率、轻协商的特性，许多具有重大社会影响的公共决策显得相对草率。

3. 公正文明执法

行政执法权，即行政机关依法对行政管理中的具体事项进行处理的权力，这也是最常见、最普遍的行政职权。行政执法的范围十分广泛，工作量也十分巨大。

公正文明执法，完善行政执法体制，首先，要继续推进行政执法体制改革，合理界定执法权限，明确执法责任，推进综合执法，减少执法层级，提高基层执法能力，切实解决多头执法、多层执法和不执法、乱执法问题。其次，要规范行政执法行为。各级政府都需要强化程序意识，严格按照程序执法。加强程序制度建设，细化执法流程，明确执法环节和步骤，保障程序公正。平等对待行政相对人，同样情形同等处理。行政执法机关处理违法行为的手段和措施要适当适度，尽力避免或者减少对当事人或利害关系人权益的损害。在条件允许的情况下，尽可能建立行政裁量权基准制度，科学合理细化、量化行政裁量权，完善适用规则，严格规范裁量权行使，避免执法的随意性，健全行政执法调查规则，规范取证活动。最后，要加强行政执法队伍建设，严格执法人员持证上岗和资格管理制度，狠抓执法纪律和职业道德教育，全面提高执法人员素质。

4. 明确有力监督

这里的监督是指政府体系内部的监督，包括上级行政机关对下级行政机关的监督，以及专门行政机关的监督。上级行政机关对下级行政机关的监督有多种形式，其中最主要的是行政复议。现行《行政复议法》明确，复议机关原则上是被复议机关的直接上级；但是这一原则有一个例外，因为国务院不参与行政复议，因此对国务院各部门或者省、自治区、直辖市人民政府的具体行政行为不服的，只能向做出该具体行政行为的国务院各部门或者省、自治区、直辖市人民政府申请复议。

建立明确有力的监督体制，必须要加强政府内部的层级监督和专门监督。首先，上级行政机关要切实加强对下级行政机关的监督，及时纠正违法或者不当的行政行为。其次，必须严格落实行政问责制度。对因有令不行、有禁不止、行政不作为、失职渎职、违法行政等行为，导致一个地区或一个部门发生重大责任事故、事件或者严重违法行政案件的情况，要依法依纪严肃追究有关领导直至行政首长的责任，督促和约束行政机关及其工作人员严格依法行使权力、履行职责。

此外，外部监督也是一种非常重要的对政府进行有效监督的方式，各级政府及其部门应当自觉接受人大及其常委会的监督、政协的民主监督和人民法院依法实施的监督。同时，要拓宽群众监督渠道，支持新闻媒体对违法或者不当的行政行为进行曝光。

三、中国法治政府的基本架构

1. 深化体制改革

在过去计划经济条件下，政府对经济社会事务实行全方位管理，政府职能覆盖社会生活的各个方面；而在市场经济条件下，发展要求市场在资源配置中发挥决定性作用，政府不再干预微观经济运行，而是要把主要精力放到创造良好的市场发展环境上来。可见，中国的行政体制改革是伴随着计划经济向社会主义市场经济的转型，与经济体制改革同步进行的。多年来，围绕政府职能转变，理顺职责关系，优化组织结构，提高行政效能，各级政府的职责重点逐步清晰，决策、执行、监督职能逐步做到既相互制约又相互协调。通过不断的经验摸索和总结，我党不仅对市场经济条件下的政府职能进行了全新界定，也对政府组织结构和管理方式做了大幅调整。

实践表明，随着行政体制改革的不断深入，政府职能转变取得了可喜成果。但同时必须看到，政府管理经济的职能定位和方式问题还没有真正得到解决，政府代替市场主体的行为，以及利用公权力为地方或部门谋利益的现象仍然存在，这样必然导致政府功能的异化，背离法治政府的宗旨。应该说，建设法治政府，进而推进行政体制改革，是中国目前深化政治体制改革和完善社会主义市场经济体制的迫切要求和当务之急。

(1) 进一步厘清政府与市场、政府与社会、政府与公民之间的关系，推动政府职能的转变。

转变政府职能的首要条件就是对政府职能的科学界定。对于政府职能的科学界定，国务院颁布的《全面推进依法行政实施纲要》提出了进一步转变经济调节和市场监管的方式，切实把政府经济管理职能转到为市场主体服务和创造良好环境上来，推进政企分开、政事分开，实行政府公共管理职能与政府履行出资人职能分开的具体措施，加强对行业组织和中介组织的引导和规范。此后的《2015年推进简政放权放管结合转变政府职能工作方案》等也根据中国历次行政改革的经验提出了包括减少行政审批、减少对企业经济活动直接干预等在内的若干实质性要求。职能的科学界定为理顺政府和市场、政府和社会、政府和公民的关系指明了方向，也推进了政府职能的进一步转变。

(2) 合理划分、依法规范各级行政机关的职能和权限。

20世纪80年代以来，随着改革开放的不断深入发展，中国政府为了适应新形势的变化，把机构改革作为切入点，通过多次调整和改革，已经初步建立了适应社会主义市场经济体制需要的行政体制。比如：对政府权力的逐渐下放，着力理顺中央和地方关系；精简政府机构，压缩编制，优化政府内部结构；改善政府运作方式，倡导在各个领域用法律的力量解决问题；等等。但也应看到，与建设法治政府的目标和要求相比，现行的行政体制仍然有很多不尽如人意的地方，尤其是对中央政府和地方政府之间纵向关系的调整以及对政府内部各行政机关职能、权限配置的横向关系的调整。

2. 推动法制进步

构建法治政府，就是要求行政活动有法可依，制度建设反映客观规律并被社会公众所认同，法律、法规、规章明确具体、科学规范、切合实际，并能够得到全面、合理的实施，法制统一、政令畅通，公民的合法权益受到切实保护，违法行为得到及时纠正和制裁，社会经济秩序得到有效维护。

(1) 完善行政立法。

首先，完善行政立法是对“法”本身的要求，也就是对行政立法内容的要求。建设法治政府，强调无差别地服从法律，便是强调这种被服从的法律是“良法”。如果不具有法治的效应，那么一项制度、一个立法所体现的精神和价值就会背离我们所处的时代，也会因为缺乏基本的正当性而不被社会和公众所接受；同样，法治也不能脱离国情、脱离现实，仅仅充斥法治教条而罔顾现实的法律和制度，也不可能实现真正的法治。

其次，完善行政立法是对立法过程的要求。完善行政立法，提高立法质量，必须增强立法的科学性，确保法治原则的贯彻落实。这就要求不断规范、改进立法工作：一是严格按照法定权限和法定程序进行立法，根据《宪法》《立法法》的相关规定制定科学合理的政府立法工作规划，改进政府立法工作方法。二是合理借鉴国外立法和制度建设经验，对立法和制度建设进行成本效益分析，适时建立立法或制度建设成本效益分析和报告的公开制度，推进行政立法工作的民主化，增强政府立法工作的公开化和透明度。三是建立行政法规、规章修改、废止的工作制度以及规章、规范性文件的定期清理制度，根据《宪法》、各种组织法、《立法法》、《行政处罚法》、《行政许可法》等法律规定的各种规范性文件制定的权限范围，认真清理与国家立法精神、与现实要求不符的有关行政规范性文件是一项保证国家法治统一高效的重要工作。

(2) 规范行政执法。

行政执法是行政机关与公民的合法权益最直接相关，也是行政机关与公民接触最多的管理活动，更是建设法治政府的关键环节。

首先，行政主体要明确。明确行政主体的资格是清晰界定行政主体的必要条件。行政执法由行政机关在其法定职权范围内实施，各级人民政府有权依法在本级政府设立的工作部门内确定行政执法主体的职权与职责，这是明确行政执法主体资格的重要途径。

其次，行政执法程序要规范。程序公正在通过法律实现社会公平正义的过程中发挥着特殊的作用，通过规范行为程序来控制行政权力的行使，是已经被各国行政法治实践所证明的一条有效途径。

最后，行政裁量要适当。法治政府条件下的行政执法体系还必须具有行政自由裁量权适当的特征。适当的行政自由裁量权，能够保证行政执法体系快速高效。尤其是对行政管理自身具有的变动性特点而言，适当的行政自由裁量权，可以形成有益的补充。

3. 完善保障机制

构建法治政府，需要一系列健全机制的有效保障，包括建立健全能够及时反映民意、权力与责任真正统一的决策机制，高效便捷、成本低廉的防范、化解社会矛盾机制，行之有效的行政监督机制等。

(1) 科学民主的决策机制。

首先，健全依法决策机制，把科学民主决策作为政府工作的一项基本制度长期坚持下去。要逐步完善现已建成的重大问题集体决策制度、专家咨询制度、社会公示和听证制度、决策责任制度，提高决策的透明度和公众参与度。

其次，完善行政决策程序，行政决策权的行使离不开正当合法的程序保障。决策的过程是否规范，是否能够实现公共权力运行的科学、规范和有序，将决定政府决策能否切实保证法治化。

最后，逐步健全现已基本建成的决策跟踪反馈和责任追究制度。做出决策并不是决策活动的终结，还必须建立相应的跟踪反馈和责任追究制度。比如定期对决策的执行情况进行跟踪和反馈，并适时调整和完善相关决策。

（2）高效便捷的矛盾冲突调处机制。

法治社会的建立并不意味着消除了矛盾，法治的好处就在于为疏通解决矛盾提供了多种有效途径。为了保证各种社会矛盾可以在一个良好的秩序下有条不紊地解决，法治社会就更应该加强调解社会纠纷机制的建立。

对社会矛盾冲突的调处机制的建立，要求公职人员在实际工作中必须在法治的框架下大力开展矛盾纠纷排查调处工作，建立健全相应的制度，完善现有的解决纠纷的制度，充分发挥已有制度的作用，积极探索解决纠纷的新机制、新途径。

（3）行之有效的监督机制。

加强对行政权力的监督和制约是依法行政的重点，健全和完善行政监督机制是推进依法行政、建设法治政府的基本保障。法治政府的建设从根本上讲，应该是坚持立法、执法和监督三位一体整体推进的。

近些年来，中国各级行政机关在推进依法行政、加强行政监督方面，已经取得了不少成绩。比如在审计监督方面，加强了对财政支出的审计，一些地区和部门开展了对财政投资项目的效益审计，等等。但同时，一些部门领导人受到查处也暴露出监督机制的很多问题。可见，虽然现行的行政监督途径不少，监督的形式也具有多样性，但与之并存的是行政监督途径还存在很多不足和缺陷。下一步的改革需要进一步强化监督，让行政部门接受人大的监督、国家监察机关的监督和政协的民主监督，依照《行政诉讼法》接受人民法院的监督、接受规章和规范性文件的监督，贯彻《行政复议法》加强行政复议工作、加强上级对下级行政机关和审计等部门的专门监督以及接受社会最广泛的监督。

4. 强化法治观念

思想是行动的先导，增强依法行政的自觉性，必须切实增强法治观念。在观念方面，建构法治政府要求行政机关工作人员特别是各级领导干部依法行政的观念和意识进一步提高，形成一种尊法、学法、守法、用法的氛围。

通过学法用法、加强培训、在实践当中锻炼，提高依法行政的能力，各级公务员尤其是各级领导干部既要深刻体会依法行政、为什么要依法行政、如何依法行政，更加深入地理解合法行政、合理行政、程序正当、诚实守信、高效便民、权责一致等法治政府的基本要求，也要了解有权必有责、用权受监督、违法要追究、侵权要赔偿这样一些基本理念。

四、对中国法治政府的评价

1. 中国法治政府建设所取得的成就

（1）法治观念逐渐加强。

改革开放以来在反思传统人治观念的基础上，中国政府逐步确立起依法行政观念。早在 1984 年，时任全国人大常委会委员长的彭真就提出了国家管理“要从依政策办事逐步过渡到不仅依政策，还要建立健全法制，依法办事”的原则。但在实践过程中，行政机关在行政管理的许多工作领域并没有真正对其进行贯彻。直至 20 世纪 90 年代行政诉讼法正式实施之后，我国才正式确立了依法办事、依法行政的原则。1993 年，八届全国人大一次会议通过的政府工作报告明确指出，各级政府都要依法行政，严格依法办事。一切公职人员都要带头学法、懂法，做执法守法的模范。这是中国第一次以政府文件形式确立了依法行政原则。1996 年通过的《第八届全国人民代表大会第四次会议关于国民经济和社会发展“九五”计划和 2010 年远景目标纲要及关于〈纲要〉报告的决议》更进一步将依法行政、依法治国、建立法治国家作为国家的治国方针。这一系列动作标志着依法行政原则在中国逐步形成并最终正式确立。与此相适应，中国也在这一时期内健全、完善了关于行政管理各个领域、各个方面的法律、法规。正是在行政管理领域基本解决了有法可依的问题之后，2004 年国务院颁布的《全面推进依法行政实施纲要》才确立了在中国建设法治政府的总目标。

（2）行政立法的规范程度进一步提高。

行政立法在现代法治实践中扮演着非常重要的角色，对政府的立法活动进行必要、有效的法律规范则是保障法治政府依法行政的必要前提。2000 年通过的《立法法》为规范行政立法行为提供了基本法律依据。此后，为进一步实施《立法法》的相关规定，保证行政法规、规章的质量，规范行政法规、规章的制定程序，国务院在 2001 年制定了《行政法规制定程序条例》与《规章制定程序条例》。这些法律、条例的出台实际上标志着中国的行政立法正逐步走上规范化、制度化的道路。

在走向法治政府的进程中，为对政府的立法行为，特别是涉及行政相对人权利义务的设权行为进行统一、明确的法律规范，政府多次展开行政法规清理活动。据统计，近 30 年来，国务院共进行了针对行政法规的两次大规模全面清理以及 6 次专项清理。第一次大规模清理是 1990—1994 年，清理行政法规 684 件，废止与宣布失效行政法规 21 件。第二次大规模清理是 2000 年，清理行政法规 756 件，废止与宣布失效行政法规 151 件。还有 6 次专项清理，每一次专项清理的背景与内容、规范的具体行政行为以及清理的法规规章都对推动中国建设法治政府产生了积极意义。在这之后，2017 年 3 月 1 日，国务院颁布了《国务院关于修改和废止部分行政法规的决定》，对截至 2016 年底仍有效力的行政法规进行了全面清理，对 36 部行政法规的部分条款予以修改，对 3 部行政法规予以废止。

（3）行政权力的运行规则逐渐完善。

关于政府职能的规范最主要的是 1982 年颁布的《中华人民共和国国务院组织法》与《中华人民共和国地方各级人民代表大会和地方各级人民政府组织法》，这两部法律对中央和地方行政机关的设立、职权、组织形式等问题进行了初步的规定。到目前为止，这两部法律仍是中国行政组织方面的重要法律规范。

公务员法是另外一部重要行政法律。2005 年第十届全国人民代表大会常务委员会第十五次会议通过了《中华人民共和国公务员法》，这是在此前实施了10多年的《国家公务员暂行条例》的基础上制定的，该法解决了公务员的录用、考核、晋升、培训、退休以及国家对公务员的管理等问题，是中国在行政组织制度方面的主要法律规范之一，对全面推进依法行政具有阶段性的作用。与《公务员法》有着密切关联的是1997年八届全国人大常委会二十五次会议颁布实行的《中华人民共和国行政监察法》，它的重要意义在于提供了对公务员合法权利予以保障或对其违法违纪行为追究责任的重要法律依据。

同时，行政许可制度，土地征用、征收制度，行政处罚制度的建立，有效地遏制了滥施处罚的现象，而且在一定程度上解决了对行政行为的程序制约问题，体现了现代民主、法治的原则和精神。此外，2005年7月9日国务院办公厅印发的《国务院办公厅关于推行行政执法责任制的若干意见》，要求各地区、各部门依法界定执法职责，科学界定执法岗位，规范执法程序，建立评议考核制和责任追究制。自2005年起，该意见实施到2016年，其间，全国共追究违法人员32万人次，在一定程度上遏制了行政执法的不作为和乱作为。

（4）行政救济机制日趋完备。

以《行政复议法》《行政诉讼法》《国家赔偿法》为基础，中国已经建立起由行政复议、行政诉讼、行政赔偿为核心内容的行政救济法律制度，为行政相对人提供了多种法律救济渠道。1979年以来，国务院逐步建立完善了行政复议制度。以1990年国务院颁布的《行政复议条例》为基础制定的《行政复议法》，虽然与原条例相比有了新的发展，但是其规定仍然比较原则化，缺乏必要的可操作性。因此，2007年国务院又颁布了《行政复议法实施条例》对行政复议的有关制度做出更具体、更明确的规定。据统计，全国每年通过行政复议化解的行政争议约8万件，这及时纠正了违法和不当的行政行为，维护了人民群众的合法权益。

20世纪50年代以来，中国对因政府的违法或不当行为而人身或财产受到损害的公民一直实行一种政策性补偿制度。这种政策虽然在一定时期起到了积极作用，但也暴露了越来越多的问题。中国在1994年的八届全国人大常委会七次会议上通过了《中华人民共和国国家赔偿法》，它的颁布确立了中国的国家赔偿制度，是中国民主法治建设的一个重要成果。

在中国走向法治政府的进程中，行政复议制度、行政诉讼制度及国家赔偿制度的建立和不断完善为个人向行政系统寻求权益保障提供了必要的制度依据，同时也为行政机关提供了一个改正其违法或不当行为的机会。

(5) 行政问责制法律体系日益完备。

在中国行政问责制的产生初期，主要是一些地方政府在此方面探索较多，所制定的都是约束本地公务员的制度和法规。进入 21 世纪以来，中央政府在综合各地经验的基础上，将行政问责制积极推向制度化、法律化的轨道。2003 年 8 月 27 日通过的《中华人民共和国行政许可法》，明确规定了行政机关及公务人员的职责范围和责任权限，以及公民对行政机关及公务员的义务和权利，规定了行政机关及公务人员侵犯了公民及市场主体的合法权益应承担相应法律责任。2004 年 3 月，《全面推进依法行政实施纲要》明确提出“权责统一”是依法行政的基本原则，对决策责任追究、行政执法责任制以及完善行政复议责任追究制度等做了明确的规定。2019 年 6 月 1 日起施行的《中华人民共和国公务员法》在对公务员向上级汇报，承担责任的条件和公务员辞职、辞退做明确规定的同时，调整充实了从严监督管理公务员的有关规定，与监察法和新修订的党纪处分条例相衔接，进一步扎牢了从严管理公务员的制度笼子，进一步将行政问责法制化和规范化。

另外，与行政问责和行政监督密切相关的政府信息公开制度化工作得到进一步拓展。国务院宣布自 2008 年 5 月 1 日起正式施行《中华人民共和国政府信息公开条例》。中央政府门户网站于 2006 年正式开通，目前全国绝大多数县级以上政府和政府部门建立了门户网站，新闻发布和发言人制度已基本覆盖至国务院各部门、单位，各省、自治区、直辖市人民政府。

2. 中国法治政府建设存在的问题

(1) 行政法律体系不完备。

中国的行政法律体系虽然看似完整，但实际在具体构成上还存在很多缺失。例如，在组织法领域，虽然有国务院组织法、地方人大和地方政府组织法以及公务员法，但实际上这些法律的规定在很多方面过于原则化，需要对其补充更加具体、更具有可操作性的法规、规章或者条款，而且在实践的过程中，行政机构的设立、授权、编制等仍处于无法可依的尴尬境地，缺少切实可行的相关法律。另外，在权利保障方面，虽然有了行政复议法、行政诉讼法和国家赔偿法，但是现实执法中暴露的一些问题都要求对这些法律法规进行重大修改。在行政补偿领域，中国还没有统一的补偿制度和法律规定，很难应对管理实务中规范大量补偿行为的要求。

(2) 行政执法存在诸多问题。

行政执法是建设法治系统工程的重要组成部分，然而中国目前的行政执法中还存在很多问题。比如在行政执法体制上，虽然政府结合机构改革曾对其进行多次调整变化，但目前的行政执法体制中依然存在力量分散、审批寻租、重复处罚、权限不清、责任不明、管理空档等严重问题，这些问题直接导致了滥设审批和罚款、随意处罚、野蛮拆迁、暴力征稽等现象的出现。在行政执法主体上，由于执法主体资格制度执行不严，一些不具备执法主体资格的组织被随意授权或随意委托执法，这导致无权执法和越权执法现象的产生。从行政执法程序上看，“重实体、轻程序”的问题依然存在，缺乏程序意识、程序立法不足、违反执法程序的现象非常突出。在执法责任方面，主要存在行政执法责任意识淡薄、职权与职责脱节、执法责任界限不清、执法责任难以认定、难以具体追究责任等问题。

Administrative Reform in Contemporary China

第六章

服务型政府的建设

6 服务型政府的建设

党的十六大以来，以构建服务型政府为目标的政府改革思路逐渐明晰。2002 年，党的十六大第一次将政府职能界定为经济调节、市场监管、社会管理和公共服务四项内容。服务型政府作为中国行政管理体制改革的目标，频频出现在政府工作报告等各级政府文件之中，作为一个带有特殊意义的政治学术语大量出现在学术刊物上，作为一个与民生问题密切相关的词语走进了广大民众的日常生活。随着中国政府改革的不断深入，服务型政府建设已经形成了一个涵盖政府发展目标、政府行政理念、政府职能定位和政府施政方式等不同内容，事关民生利益、政府转型和社会发展等不同层次的建设体系。其中，公共服务是建设服务型政府的出发点和最终落脚点，公共服务的有效供给是服务型政府功能的集中体现。本章我们将以公共服务供给为视角，介绍服务型政府建设的背景、基本架构，分析已经取得的主要成果。

一、服务型政府建设的背景

在任何一个国家，政府治理模式都是随着国内外环境的变迁而发生转变的，当现行政府模式不能适应环境，甚至发生矛盾陷入危机时，新的政府模式便呼之欲出。目前，温饱问题基本解决，中国进入了从生存型社会到发展型社会转变的重要时期。以往以经济发展为根本目标、追求 GDP 最大化的经济建设型政府，以政府为本位、政府自身利益占主导地位的趋利型政府，以行政手段为主要手段、拥有较大自由裁量权的管制型政府都已经不能适应社会的发展，旧的政府治理模式无法解决发展难题，引发的社会矛盾问题呼唤着一种新的政府治理模式的出现，即服务型政府的治理模式。

1. 经济建设型政府重视GDP增长，忽视社会发展，需继续改善公共服务

20世纪70年代末以来，以经济体制为主导的改革开放，使中国经济社会的发展突飞猛进，触发了全方位的社会变革。首先，政府的职能发生了根本性变化，长期占主导地位的政治统治职能逐步让位于经济建设职能，各级政府坚持以解放和发展生产力为目标，一心一意发展经济。其次，政府的行为方式也发生了较大变化，政府不再是事无巨细地统管，而是强调宏观调控、微观放开，强调间接管理为主、直接管理为辅。最后，政府管理经济社会的手段也发生了变化，政府对经济社会事务的管理不再单纯运用行政手段，而是综合运用经济手段、法律手段和行政手段，并且突出经济手段在经济社会管理中的重要作用。这些转变表明中国的经济建设型政府已经形成。就价值取向来说，经济建设型政府以GDP的增长为最主要的任务，政府工作有没有成效，官员有没有政绩，首先看GDP的总量和增速。

经济建设型政府对中国改革开放以来经济社会的快速发展起到了巨大的推动作用，为中国特色社会主义的发展提供了物质基础。然而，随着市场经济的发展，其对经济可持续增长的局限性也日益凸显。一方面，政府主导型社会经济的可持续发展动力不足。政府长期作为经济发展的主体力量，垄断着各种权力和资源，政府部门设租寻租的现象屡见不鲜，政企分开很难真正落实到位。在这种情况下，中国经济的增长速度不可能长期维持，只有内生的、集约型的增长才是真正可持续的增长，个人和企业等社会力量才是经济发展的真正主体和不竭动力。另一方面，经济与社会的发展失衡阻碍了社会经济的可持续发展。改革开放以来，中国经济步入了快速发展的轨道，创造了举世瞩目的经济奇迹。但是，GDP增长并不等同于经济发展，经济发展也不等同于国民幸福。经济建设型政府重视经济建设的投入回报，忽视了公共教育、公共卫生、食品安全、社会保障等社会事业的巨大经济、社会效益。

在社会主义初级阶段，中国面临的最大问题是生产力不发达，GDP作为最容易量化的经济发展衡量指标备受各级政府的青睐。但经济发展只是提高民众生活水平的手段，而不应是最终目的，特别是在中国经济发展已经取得了一定成就的时候，为全社会提供基本而有保障的公共产品和公共服务，不断满足广大社会成员日益增长的公共利益诉求，才是解决公共服务供需矛盾的主要途径。以中美两国2013年部分功能财政支出数据比较情况来看，美国2013年GDP总量为16.77万亿美元，中国约为9.76万亿美元，但在一般公共服务支出方面：美国为8 975.64亿美元，占经常性支出的15.8%，相当于GDP的5.4%；中国仅为2 221.00亿美元，占公共财政支出的8.4%，相当于GDP的2.3%。在医疗卫生方面：美国支出12 188.14亿美元，占经常性支出的21.5%，相当于GDP的7.3%；中国仅为2 847.50亿美元（公共财政医疗卫生支出＋社会保险基金中的医疗保险基金支出），占公共财政支出的10.7%，仅相当于GDP的2.9%。在社会保障和就业方面：美国支出为13 404.80亿美元，占经常性支出的23.7%，占GDP的8.0%；中国为5 470.38亿美元（公共财政社会保障和就业支出＋社会保险基金中的养老保险支出＋社会保险基金中的失业保险支出＋社会保险基金中的工伤保险支出＋社会保险基金中的生育保险支出），占公共财政支出的20.6%，仅相当于GDP的5.6%。从上述对比可以看出，中国在GDP快速增长的同时，一定程度上忽视了社会的发展，需要大力改善公共服务现状。

2. 趋利型政府自我利益膨胀，群体性事件频发，政府需让利于民

行政官僚机构可能存在谋求“内部”私利的动机，而不是谋求其公开向外界宣布的所谓公共利益，这种现象被称作“内部效应”——以“外部”服务为借口、为假象，实际上为“内部”的“自己人”服务。这种具有自我服务的倾向和寻求自身利益最大化属性的政府可以称为趋利型政府。合理范围内的自利性往往是政府行为的内在驱动力之一，能激励政府及其工作人员负责而高效率地开展工作。但是，政府自利性的

过度膨胀必将走向其反面，带来政府权力的扩张、腐败的蔓延等一系列弊端。改革开放以来，在市场经济大潮的冲击下，拜金主义、金钱至上、享乐主义、追求享受等物质主义价值观开始滋生蔓延。“朝钱看，往厚赚”的心理在社会中泛滥，政府的自利性在这种心理的诱使下也在不断膨胀，特别是在公共服务财政投入不足，公共服务供给紧张的情况下，干群之间的利益之争频频引发群体性事件，为社会留下了不和谐的音符。

政府与民争利、行政成本过快增长，政府的自利性使其公信力受到影响，甚至成为引发群体性事件的深层原因。公共利益被侵犯，人民诉求得不到满足，是群体性事件发生的直接原因。可见，维护公共利益不再是一纸空文，建立一个全心全意为民谋利的政府是社会稳定的需要，是政府的本质要求，是政府合法性的需要。

3. 管制型政府沿袭“官本位”思想，缺乏服务意识，亟须政府还权于民

“官本位”思想，简而言之就是“唯官是从”的思想。在中国这是一个由几千年历史所造成的根深蒂固的社会现象，而且已成为人们的思维定式。中国计划经济时代的政府行为模式是单纯的管制型模式，在这种政府模式之下，行政权力渗透到社会生活的各个角落，人们社会生活的各个方面都处于行政权力的严格控制之下，很少有自主行动的余地。改革开放以后，特别是进入社会主义市场经济的轨道以后，政府在经济、社会领域开始放松管制，但是依然具有对社会资源的支配权和对公共资源的分配权，官本位思想没有消除，影响着政府的管理理念和管理方式。

从政府管理理念来看，管制是管制型政府的主要行政理念，强调政府的权力和社会的纪律。掌权者习惯用管制思维对民众进行控制，其目的就是将公民控制在不会危及其统治地位的秩序范围之内。当民众希望进行政治参与时，政府不是鼓励而是阻挠；当民众希望通过社会自治组织进行自我服务时，政府不是支持而是抑制。例如网络监管，网络表达

是一把“双刃剑”，我们要看到网络表达的负面影响，如不负责任的言论容易侵害他人的合法权益等，同时也要看到网络表达的积极作用，如有利于政府了解社情民意等。所以，以维持社会稳定为目的，盲目、粗暴、僵化地实施网络监管只是政府管制思维的具体体现而已。

从政府管理方式来看，强制性是管制型政府行为方式的主要特点，强调自上而下地行使权力。对于受其支配的相对人来说，执行政策目标基本上不是建立在同意的基础上，而是政策执行者凭借自身所掌握的法律制裁力量，单向地采取强制性的执行手段。

管制型政府高高在上，缺少与民众的沟通和人性化管理的手段，这种管理模式越来越受到民众的抵触。尊重民众的权利，以民众利益为本位，以一个服务者的心态请民众参与政策的制定和执行，这是政府得到民众信任和支持的前提条件。建立服务型政府，从政府本位转变为公民本位，从政府自利转变为为民谋利，从一味搞经济建设转变为更加注重为民众提供优质的公共服务，才是维护民众基本权利，满足他们日益增长的公共服务需求，进而实现社会长治久安、经济社会和谐发展的唯一出路。

二、服务型政府的基本架构

服务型政府是社会主义中国特有的概念，服务型政府建设也是一个渐进的过程，没有现成的模式可以借鉴，也没有现成的理论作为指导，我们只能根据具体国情在摸索中前进，在实践中反思。通过对政府政策文件和政府具体实践的分析，我们发现，中国服务型政府的建设日趋系统化、规范化，已经形成了一个包括由谁（主体）、以什么方式、为谁（对象）、提供什么内容等方面在内的系统化基本架构。

1. 服务型政府的目标

改革开放之初，公共服务体制改革的目标服从于建立社会主义市场经济体制的时代要求，重在恢复和提高公共服务的效率，解决建立社会主义市场经济体制进程中出现的城市公共服务短缺问题。2003 年以后，科学发展观、构建社会主义和谐社会、以人民为中心的发展思想、实现中国梦等一系列重大战略思想的提出，决定了新时期中国公共服务的发展目标：坚持以人为本，重视公共服务职能；改善公共服务绩效，实现公共服务均等化；实现基本人权，建立基本公共服务体系。

（1）坚持以人为本，重视公共服务职能。

当前，中国全社会公共需求全面快速增长同公共服务供给短缺的矛盾比较突出，从直接参与经济建设向公共服务转型已经成为服务型政府建设的首要目标。从 2002 年中共十六大第一次把政府职能归结为“经济调节、市场监管、社会管理、公共服务”四项内容开始，基本上每年的国务院政府工作报告都将公共服务职能作为建设服务型政府的重要内容予以强调，并具体指出要加快教育、卫生、文化、体育等社会事业的发展，着力保障和改善民生。

（2）改善公共服务绩效，实现基本公共服务均等化。

中国公共服务配置不均，城乡差距大，区域之间发展不协调，人口分布与公共服务发展的协调水平低，公共服务享有水平差距很大。基于此，实现基本公共服务均等化成为中国加强公共服务职能的具体目标。2005 年，在党的十六届五中全会上，中央首次提出公共服务均等化的要求。经过十几年的努力，中央逐渐完善了公共财政制度，促进了教育公平，逐步解决了农民工子女在输入地免费接受教育等问题，使基本公共服务状况有了很大的好转，在实现基本公共服务均等化的道路上稳步迈进。

（3）实现基本人权，建立基本公共服务体系。

中国是世界上最大的发展中国家，人口众多，公共服务还处在逐步发展的阶段，又在生产力尚不发达的条件下开始提前进入老龄社会①。

---

① 2015 年中国总人口数量达 136 782 万，其中 60 周岁以上老龄人口 2.1 亿，65 岁以上老龄人口占 10%，已远远超过国际上把 60 岁以上的人口占总人口比例达到 10%，或 65 岁以上人口占总人口的比重达到 7%的老龄化社会标准。

基于此，建立一套比较完整的基本公共服务体系成为中国加强公共服务职能的阶段性目标。到 2020 年，中国要构建一个由政府主导、社会力量广泛参与的公益服务新格局，形成基本服务优先、供给水平适度、布局结构合理、服务公平公正的中国特色公益服务体系。

2. 公共服务的主体

公共服务可以分为基本公共服务和非基本公共服务两大类。政府义不容辞要担当基本公共服务的供给主体，对于非基本公共服务，则是要鼓励和引导社会力量和市场投资主体的参与。

从政府主体来看：政府在公共服务供给中要不断健全完善民主权利保障制度，发挥社会自治功能，保证人民依法直接行使民主权利；完善公共财政制度，逐步实现基本公共服务均等化，把更多财政资金投向公共服务领域，加大财政在教育、卫生、文化、就业再就业服务、社会保障、生态环境、公共基础设施、社会治安等方面的投入，以发展社会事业和解决民生问题为重点，优化公共资源配置，注重向农村、基层、欠发达地区倾斜，逐步形成惠及全民的基本公共服务体系。政府要实现公共服务职能，就要坚持转变职能，将政府改革进行到底。

从其他服务主体来看：一是发挥社会组织在公共服务供给中的积极作用；二是加大事业单位改革，建立功能明确、运行高效、治理完善、监督有力的事业单位管理体制和运行机制；三是加大对电力、电信、铁路、航空等领域的公用企业的公司化改造，实行政企分开，打破垄断，引入竞争主体；四是在教育、卫生、环境保护等领域也部分引入市场机制，例如，中小学的国有民办、民间资本注入医疗卫生系统等。

3. 公共服务的内容

2007 年，党的十七大报告指出，必须在经济发展的基础上，更加注重社会建设，着力保障和改善民生，努力使全体人民学有所教、劳有所得、病有所医、老有所养、住有所居，推动和谐社会建设。

（1）公共教育服务。

受教育是广大人民群众的基本权利，是提高民族素质和推进社会进步的重要保障。新中国成立以来，特别是改革开放以来，教育事业取得了巨大的成就（见图 6－1）。

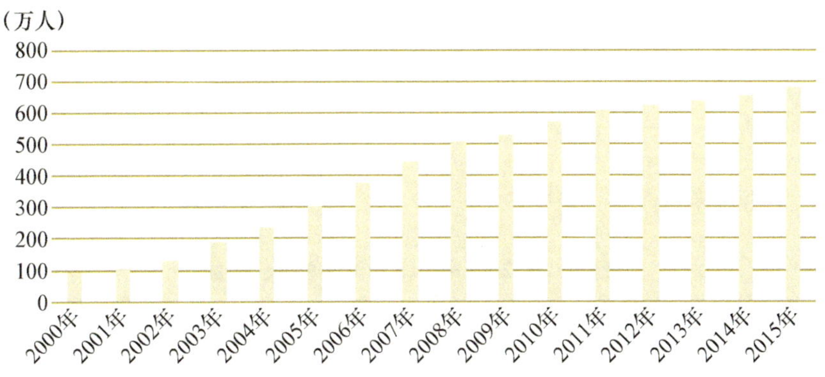

图 6－1　2000—2015 年普通本专科毕业生数

资料来源：中国政府网。

中国开办了世界上最大规模的教育，基本形成了健全的教育体系，全面实现了城乡免费义务教育。当然，政府也看到了当前教育改革和发展与经济社会发展、与人民群众的要求和期待还不适应等问题。所以促进教育公平，优化教育结构，加强教师队伍建设和推进全国素质教育已经成为教育服务的重点内容。

（2）公共就业服务。

就业是民生之本，是社会公众维持生计、实现人生价值和进一步改善物质精神生活的基本途径；就业是安国之策，就业不仅关系到劳动力与其他生产要素的结合，是生产力发展的保证，同时也关系到亿万家庭的切身利益，是社会和谐的基础。

据测算，每年仅新进入劳动力市场的各级各类学校毕业学生就1 000多万人。大量农村劳动力转移就业和各种结构性矛盾加剧。为了实现充分就业，近年来党和政府坚持实施扩大就业的发展战略，在保持经济较快增长的同时，不断加大解决就业问题的力度（见图 6－2）。

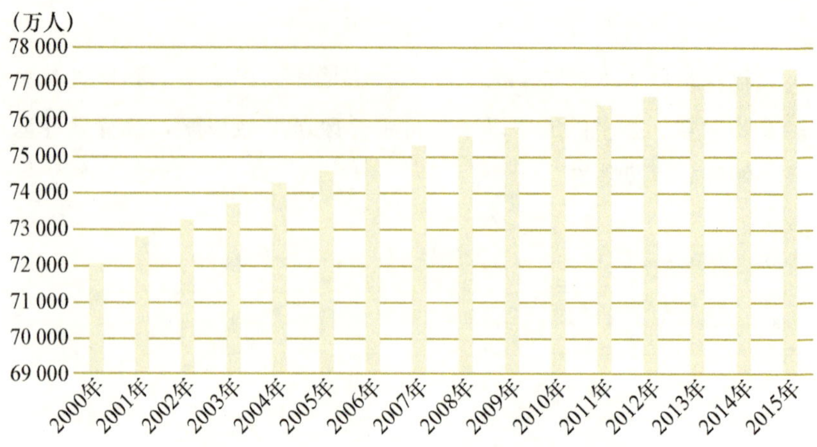

图 6-2　2000—2015 年全国总就业人数

资料来源：中国政府网。

（3）社会保障服务。

社会保障是政治经济的“调节器”，是社会的“内在减震器”。中国政府坚持广覆盖、保基本、多层次、可持续的方针，不断完善社会保障制度建设，扩大社会保障覆盖范围和提高社会保障待遇（见图 6-3）。

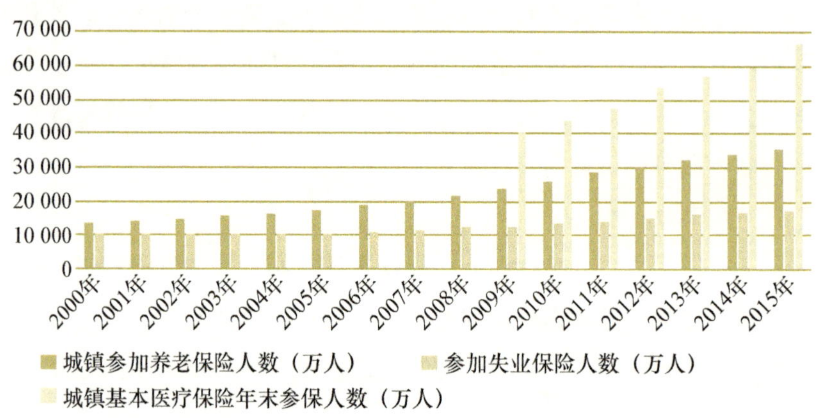

图 6-3　2000—2015 年全国社会保障总体情况

资料来源：中国政府网。

自 2005 年《国务院关于完善企业职工基本养老保险制度的决定》颁布以来，十几年的时间内，中国的养老保险制度和医疗保险制度都取得了长足的进步。失业保险金、最低生活保障制度的建立健全，都为中国社会保障服务提供了坚实有力的发展基础。

（4）公共卫生服务。

健康是人全面发展的基础，关系千家万户的幸福。近年来，覆盖城乡的疾病预防控制和应急医疗救治体系基本建成，基本医疗保障制度建设持续推进，城乡基层医疗卫生服务体系建设步伐加快（见图6－4、图6－5）。

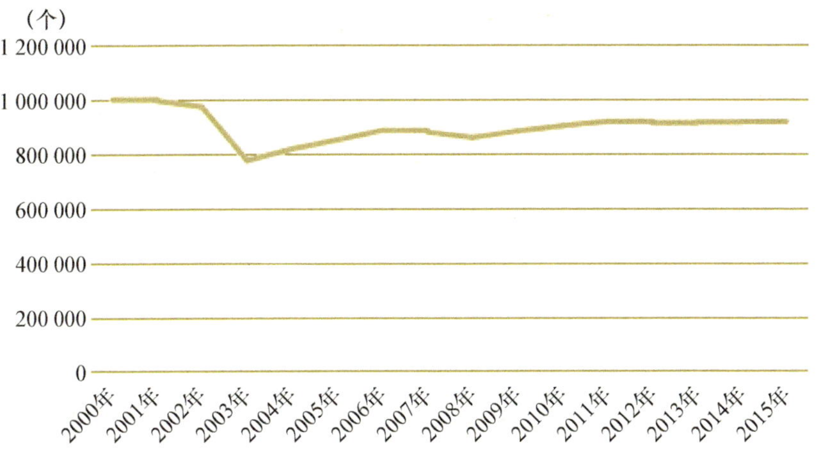

图6－4　2000—2015年基层医疗卫生机构数量

资料来源：中国政府网。

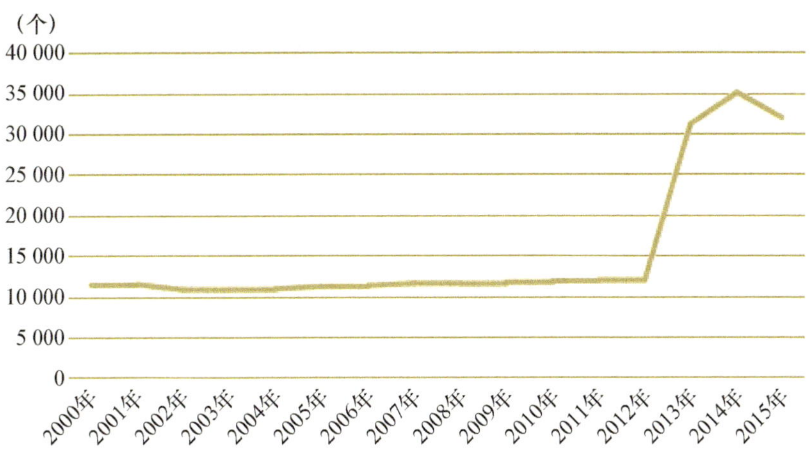

图6－5　2000—2015年专业公共卫生机构数量

资料来源：中国政府网。

目前，中国人均预期寿命已远远高于发展中国家的平均水平。然而“看病难、看病贵”的问题依然存在。政府将按照保基本、强基层、建机制的要求，把基本医疗卫生制度作为公共产品向全民提供，优先满足群众基本医疗卫生需求，努力建成覆盖全国城乡的基本医疗卫生制度，初步实现人人享有的基本医疗卫生服务。

(5) 住房服务。

安其居，才能乐其业。遏制房价过快上涨，更好地满足人民群众的住房需求，是保障和改善民生的重大任务，是促进经济健康发展和社会和谐稳定的重大课题。今后，政府依然会通过继续大规模实施保障性安居工程、支持居民自住性住房消费、抑制投机性购房以及整顿和规范房地产市场秩序来满足人民群众的基本住房需求。

4. 公共服务的对象

公民是服务型政府的服务对象，公民的需要就是服务型政府的原动力和出发点。但是，许多政府服务的对象本身就是具有选择性和针对性的，政府正是通过有差别的服务来调整利益关系，在原有利益格局的基础上形成新的利益格局，而在这个过程中，服务对象的确定主要是以政策问题为行为对象，进而统筹公共利益的。

第一，服务对象按性质进行划分，可以划分为社会组织和个人。《社会团体登记管理条例》《基金会管理条例》等就是对社会组织的制度服务。例如，近年来中国社会中介组织发展迅速，初步形成具有多种机构类别、多种组织形式和多种服务方式的社会中介组织体系；但社会中介组织的发展也存在管理体制不顺、竞争机制扭曲、法律法规不健全、人员素质较差等问题。针对这些问题，国家颁布了相关政策文件。比如2008年，国家发改委等9个部门联合出台了《关于规范行业协会、市场中介组织服务和收费行为专项治理工作的实施意见》。

第二，服务对象按范围进行划分，可以划分为全体公民和特殊群体。国家安全、食品安全、公共体育、公共教育等服务就具有一定的普惠性质。对残疾人的服务、对下岗待业人员的服务等就是为一些特殊人群提供的服务。例如，全国残疾人抽样调查显示，残疾人家庭 2013 年人均收入，城镇为 15 851.4 元，农村仅为 7 829.9 元，而同期，城镇居民人均可支配收入为 26 955.1 元，农村居民人均纯收入为 8 895.9 元，二者差距巨大。残疾人是一个特殊而困难的群体，但是残疾人也有参与到社会生活中的权利和能力，政府应该给予适当的扶助。

第三，服务对象按城乡差异进行划分，可以分为城市居民和农村居民。城市最低生活保障等服务就是为城市居民提供的服务，而减免农村义务教育学杂费等服务就是为农村居民提供的服务。例如，中国农民数量庞大，特别是随着中国大规模的工业化、城市化进程的加快，涌现了大批农民工。政府通过开展农民工职业技能培训，严格执行和完善最低工资制度，提高农民工义务教育补助等手段，努力解决农民外出务工最关心的五件事：找到工作、拿到工资、工伤大病有保险、有地方住、子女能上学。

第四，服务对象按年龄进行划分，可以分为儿童、青年、中年和老年。对儿童的服务主要是教育服务，对青年和中年的服务主要是就业服务，而对老年的服务主要是社会保障服务。例如，中国的养老问题已经日趋严重，21 世纪的中国将是一个不可逆转的老龄社会，到 2050 年，中国老年人口总量将超过 4 亿，老龄化水平达到 30%以上。传统的中国家庭作为一个福利单位，在养老机制的作用上是天然养老组织，但随着计划生育的实施和人口流动的加快，独生子女家庭和空巢家庭的养老负担日渐沉重，养老社会服务化已是解决养老问题的必经之路。政府已采取了诸多措施，比如 2008 年全国老龄委办公室等 10 部门出台了《关于全面推进居家养老服务工作的意见》，2009 年国务院发布了《国务院关于开展新型农村社会养老保险试点的指导意见》，2013 年国务院发布了《国务院关于加快发展养老服务业的若干意见》，2014 年国家发改委、民政部等部门发布了《关于加快推进健康与养老服务工程建设的通知》等。

根据现行政策，我们可以将政府服务的对象划分为很多种类型，但是，就公共服务的性质和功能来说，很难将服务对象集中于同一社会群体身上。尽管政府是以一定的政策问题为行为对象，但其资源调动和政策效果却只有在社会大循环式的交换过程中才能实现。所以，尽管服务型政府的服务对象是公民，但是，对服务对象的区分是正常和必要的。

5. 公共服务的方式

公共服务方式很大程度上可以决定人们对服务的享有程度，如果公共服务方式单一，不仅不能满足人们对公共服务的多样化需求，还将致使现有公共服务的利用不足。中国在公共服务方式方面力求创新，适当地引入市场化和社会化运作方式，其主要可以分为政府供给、市场供给和社会供给三大类型（见表 6－1）。

表 6－1　　政府供给服务方式的三种类型

服务方式	具体形式	举例说明
政府供给	政府直接供给	如义务教育等基本公共服务的直接供给
	政府补助	如重庆市每人 25 元的基本公共卫生服务补助
	政府采购	如福建省由政府购买商业保险产品和服务来保障人民生活，防范社会风险
	凭单制	如珠海市社区养老服务的凭单制，向社区内的老年人发放老年服务消费券
市场供给	合同外包	如在城市基础设施、城市环境卫生等准公共产品生产中推行合同外包等市场化方式，鼓励社会资本参与准公共产品的生产，如宁波市海曙区养老服务改革，“政府扶持、非营利组织运作、社会参与。”
	特许经营	如在城市基础设施、城市环境卫生等准公共产品生产中推行特许经营等市场化方式，鼓励社会资本参与准公共产品的生产，如社会资本参与涿州市南水北调地表水厂及配套管网项目特许经营实例
	用者付费	如在供气、燃气、供水等领域围绕价格调整推行使用者付费的改革
社会供给	无偿捐赠	如希望工程的捐款、捐物
	志愿服务	如支教

（1）政府供给。

政府供给即政府以直接供给或间接供给的方式提供公共服务。政府直接供给是指政府既是公共服务的安排者和资金的提供者，也是公共服务的直接生产者。政府间接供给是指政府并不直接生产公共服务，而是鼓励和支持非政府部门生产公共服务，包括政府补助、凭单制、政府采购等形式。

（2）市场供给。

在公共服务的市场供给方式中，生产者是私人企业，它们以营利为目的，生产以可收费服务为主的公共服务，消费者接受服务并选择生产者，拥有较大的选择权和决定权，政府在交易中的介入程度并不深，主要是确定服务并制定安全和其他标准。在市场供给方式中，存在多个利害相关者，竞争机制在其中起着决定性作用。

（3）社会供给。

社会供给主要是社会志愿供给，指非营利性组织通过其雇员或是通过雇用和付费给私人企业为社会公众免费提供社会服务的一种方式，包括无偿捐赠、志愿服务等形式。

当然，这三大类型的服务方式并不是互相排斥的，而是可以相互结合的。公共服务的提供者和生产者可以不是一一对应的，而是交互相连的，可以由一个提供者对应多个生产者，也可以由一个生产者对应多个提供者。

三、服务型政府建设的成效及问题

1. 服务型政府建设所取得的成就

（1）为经济可持续发展提供保证。

服务型政府的根本任务就是按照社会主义市场经济体制和法治社会的要求，提供良好的市场经济发展环境。目前，虽然中国初步建立了社会主义市场经济体制，但是传统计划经济的影响仍然存在，地方保护主义、部门与行业垄断依然存在。建设服务型政府，正是为了改变过去政府管理中不规范、不完善的地方，进一步转变政府职能，将政府主要精力放在加强与改善宏观经济调控，规范市场、创造良好市场环境，提高公共服务水平和能力上，使政府管理符合市场经济体制要求，推进中国社会主义市场经济体制的完善。

（2）为促进政府管理模式转变提供保证。

政府管理模式的转变也是政府施政方式的变革。进入 21 世纪以来，伴随着政府管理理念的更新和政府职能的转变，各级政府在实践中不断探索适应建设服务型政府要求的施政方式，推进了政府施政方式的变革和创新。这主要表现在以下几个方面：一是由过去那种以行政命令为核心的自上而下单向式的施政方式，逐渐向政府与公民对话沟通双向互动式的施政方式转变；二是由过去封闭式办公的方式向政务公开透明转变；三是由过去行政审批内容复杂、审批层级多、程序烦琐、审批时间不确定的做法，向减少和规范行政许可和行政审批，简化行政审批层级和程序，方便、快捷、高效转变；四是由过去施政注重上级满意向注重人民群众满意转变；五是大力推进政府信息化、电子政务建设，实现资源共享，降低行政成本，提高政府公共服务质量。

（3）促进社会和谐，为社会发展建设良好的政治环境。

构建社会主义和谐社会，需要协调、处理各种利益关系，维护社会公平正义。服务型政府的建设，在社会主义和谐社会建设进程中起到了主导作用。这种主导作用主要体现在以下几个方面：一是健全惠及全民的公共服务体系，着力解决了民生问题；二是完善了社会管理机制，促进了社会安定有序；三是增强了公共权力运行透明度，满足了公众对公共服务管理的参与需求。随着中国服务型政府的建立健全，中国社会朝着良好、稳定的方向持续发展，这极大地促进了社会和谐。

2. 服务型政府建设存在的问题

自 2004 年中央首次提出建设服务型政府的目标以来，中央和地方各级政府将建设服务型政府落实到具体工作中，通过实践来深化对服务型政府的理解并大力推动服务型政府的实现。但是，面对公众快速增长的公共服务需求，中国目前的公共服务总体水平依然不高，还存在供给不足、供给不均和质量不高等问题。

（1）公共服务供给不足。

公共服务供给不足，很大方面的一个原因是制度安排的不合理。改革开放以来，中国财政收入呈现出较大幅度的增长，但是对公共服务的财政投入远远没有满足实际需求，这直接导致公共服务总量出现严重不足。1979 年中国的财政收入为 1 146.38 亿元，1992 年为3 483.37 亿元，2007 年为 51 304.03 亿元，2015 年达到 152 269.23 亿元，但是财政收入的增长并没有缓解公共服务的供求矛盾。这表明，问题不在于经济能力而在于公共服务的制度安排。

此外，中国的公共服务产出不足也是供给不足的一个重要原因。中国的公共服务水平较改革开放初期有很大提高，但在很多方面仍然落后于中等收入国家，甚至有些方面落后于世界平均水平，这就导致中国公共服务的产出严重不足，进而导致公共服务的供给不足。

（2）公共服务供给不均。

公共服务在地区之间、城乡之间的财政投入和服务产出都呈现出一种严重不均衡的状态。虽然随着近些年来城乡、地区间公共医疗卫生、教育等方面的不断优化发展，情况有了很大的好转，但不可否认的是，公共服务供给不均的情况依然严重。无论是地区之间、城乡之间还是人群之间，当社会财富的分配不公、社会财富的畸形集中使部分民众基本生存权利受到威胁时，社会必将出现不安定。

2016 年，位于东部沿海的山东省全年地区生产总值为 6.7 万亿元，比上年增长 7.6%；地方一般公共预算收入 5 860 亿元，同口径增长 8.5%；城镇居民人均可支配收入增长 7.8%，农村居民人均可支配收入增长 7.9%；城镇新增就业 121 万人；对外收支继续保持较大顺差；居民消费价格上涨 2.1%。2016 年位于中国西部的青海省全年地区生产总值仅为 2 572.49 亿元，按可比价格计算，比前一年增长 8.0%。2016 年全青海省公共财政预算收入 359.96 亿元，比前一年增长 7.7%。其中，地方公共财政预算收入 238.43 亿元，比前一年增长 8.3%；上划中央收入 121.54 亿元，比上年增长 6.6%[①]。中国公共服务投入主要是以地方财政投入为主，在以经济建设为主、对公共服务投入较少的情况下，在公共服务投入方面，东部地区明显高于中部和西部地区。

2012 年，全国城镇居民家庭人均可支配收入为 24 564.7 元，而农村居民家庭人均纯收入只有 7 916.6 元，城乡居民收入比由 1978 年的 2.57 扩大到 3.10。尽管近几年中国在农村公共服务方面投入力度加大，但城乡基本公共服务仍有很大的差距。

（3）公共服务质量不高。

公共服务的质量要求是多方面的，主要包括公共服务的功能性、经济性、时效性、安全性等。从近些年民众对公共服务的满意度来看，尽管随着中央和地方政府针对公共服务所出台的政策的落实，情况有了极大的变化，但是民众的总体满意度仍然不高。

---

① 数据均来源于中国政府网。

Administrative Reform in Contemporary China

第七章

政府效能的提高

7 政府效能的提高

一、政府效能改革的现实困境

效能主要指办事的效率和工作的能力，效能是衡量工作结果的尺度，效率、效果、效益是衡量效能的依据。政府效能建设的根本目的是运用各种科学合理的手段、制度和载体，调动工作人员的积极性、主动性和创造性，不断提高工作人员的办事效率和工作能力，提高为人民服务的质量，保证党和政府的方针政策得以贯彻落实。行政效能是指行政管理活动达成预期结果或影响的程度，具体而言，主要指政府向公众提供服务的水平和能力，包括数量、质量、效果、影响、能力、公众满意度等方面的要求。与行政效率相比，行政效能是指目标的达成程度，着重质量层面，更强调效果（而不仅仅是时效），重视服务质量（而不仅仅是工作量和投入量），注重质量保证能力（而不仅仅是最终的结果）。

私营企业和公共部门中都存在低效率现象，但导致低效率的原因不尽相同。与处在市场环境中的企业相比，公共部门面临不同的环境，受到不同的约束，具有不同的组织特征。

1. 公共部门产出的垄断性

国内外的实践证明，公平健康的竞争是提高服务水平和服务质量最有效的动力。这是因为竞争给消费者提供了选择的自由，消费者的选择决定着一个企业的生死存亡，而正是这种生存威胁迫使企业提高效率和服务质量。相反，垄断必然意味着排斥和限制竞争，无论产生垄断的原因是什么，垄断在免除了公共部门的外部竞争压力的同时，也带走了其提高效率和服务质量的内在动力。

2. 公共机构产出的质量难以测量

总的来说，同市场产出的效益-成本描述相比，非市场产出没有一个评价成绩的标准，这是因为公共机构具有目标多元性和目标弹性的特点，许多服务性产出不像有形产品一样看得见摸得着。并且公共机构的产出和产出的最终社会效果之间存在时间上的滞后性，同时，公共部门的产品缺乏价格信号和消费者的自由选择，因而也就缺乏检验和传递效率、质量信息的机制和渠道。

3. 公众监督的困难

促使企业提高效率和服务质量的机制是竞争带来的生存压力。公共机构的垄断性使得竞争机制难以发挥作用。于是，公众监督和控制就成为公共部门提高效率和服务水平的重要途径。但从实践上看，公民对公共部门的监督和控制还难以做到充分有效。公共产品质和量的测定困难，使得公众难以对公共部门产出的优劣做出准确评判。并且公共部门垄断服务的同时也垄断了公共服务方面的信息，公众和民意机关由于缺乏信息而无法对服务质量和服务水平做出科学的评判，从而也就无法对服务部门实施有效的监督和控制。

4. 公共部门内部管理机制的不足

与企业相比，公共部门有两个显著的特点，一是规模庞大，二是负有公共责任。庞大的规模需要统一的管理，公共责任则要求公共控制机制。于是，官僚制成为理想的管理模式。官僚制的主要特点之一是依赖正式的规章制度进行管理。长期的实践在公共部门形成了规则为本的服从意识：管理人员“担心程序胜于结果”，所以，“最初为实现组织目标设计的规则采取了一种与组织目标无关的积极的价值观”。于是，评价工作人员的主要标准是看他们能否严格遵守规则，效率、质量对组织目标的贡献退居次要地位。

二、中国政府行政效能评价维度

1. 经济维度

行政成本是指政府在行政管理活动中所消耗的费用和资源。行政成本对一国的经济发展产生重要影响。斯蒂芬·林通过分析世界上主要国家的经济数据发现行政成本的提高会阻碍相关国家的经济发展，使本国经济失去活力，降低经济绩效。可见，政府行政成本的上升，对一国经济发展是不利的。因此，只有控制政府行政成本，才能更好地释放社会活力，保持经济持续增长。

当今世界，经济全球化深入发展、生产社会化程度加深、社会分工日趋复杂，国家需要广泛地参与国家经济和社会生活，这样直接导致政府机构不断扩大，行政成本不断提高。随着社会主义市场经济的发展、行政体制改革的进行，经济性在政府发展过程中的重要性日益展现出来。

一般公共服务支出主要用于保障机关事业单位正常运转，支持各机关单位履行职能，保障各机关部门的项目支出需要等，也就是通常所说的政府行政成本。从图 7－1 可以看出，2011—2015 年，中央和地方政府的一般公共服务支出，呈现出一种增长态势，因此，在这种情况下，提高各级政府效能，降低行政成本，成了各级政府首要考虑的一个重要问题。

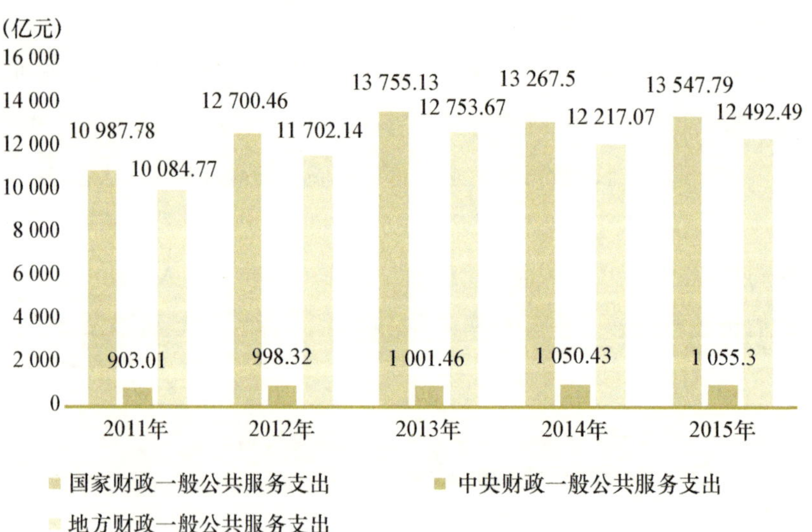

图 7－1　2011—2015 年中国一般公共服务支出情况

数据来源：中国政府网。

2. 效率维度

市场进行资源配置时追求经济绩效，即边际成本等于边际收益时的资源配置最优。同样，政府在提供公共物品时，也需要关注自身在进行全社会的资源配置时所产生的组织效率、运行效率及配置效率，也就是说，政府要追求行政绩效。

行政机关是国家政策的执行组织，负责具体措施的落实工作。然而，在实际运行过程中，行政机构在解释政策和法律，起到了立法部门的作用。这是因为在执行国家权力的复杂过程中，行政机关形成了部门利益和个人利益。

官僚机构往往能够用授予的权力，获得对未经授权领域的控制，从而扩展了权力。为了维护部门利益，行政机关往往会不断扩充权力范围。行政垄断由此产生，为维护自身垄断地位，它们往往会滥用权力，同时提高准入门槛，限制外来者进入该领域。其他市场活动参与者如果希望办理该领域业务或者参与该领域经济活动，需要经过相关主管部门的审批。外界人员进入某个领域，首先需要打通主管部门的官员，这样极易产生权力腐败和权力寻租现象。

行政审批实际是一种准入限制，目的是维护本领域部门的行业垄断。不断提高行政审批的难度，使本应简单的审批过程变得异常繁杂，这样外部竞争者就很难进入该领域。中国政府设定行政审批的初衷是确保中央政策全面实施，防止偏差。但在实际操作中，政府的服务对象需要面对复杂的行政审批程序，这增加了办事难度，浪费了大量的时间和人力资源。审批制度不仅造成经济资源的直接浪费，也直接增加了政治制度的运行成本。

因此，在近几年的政府改革过程中，行政审批制度改革又重新成为政府改革的重要抓手，被称为全面深化改革的“先手棋”和转变政府职能的“当头炮”，其目标不仅是打破一些部门的行业垄断，更重要的是提高政府部门的行政效率，降低社会成本，真正实现“为人民服务”的根本宗旨。党的十八大以来，各级政府全面清理并公开行政审批事项，建立权力清单、负面清单和责任清单，取消非行政许可审批项目，进一步下放审批权限。这些举措对转变政府职能，优化公共服务，激发社会活力，鼓励大众创业、万众创新发挥了重要作用。

3. 效果维度

政府效能的提升，不仅是行政成本的降低以及行政效率的提高，更重要的是行政效果的优化，换句话说就是政府的行政行为更具有“效能感”。这种“效能感”不仅表现在成本降低和效能提高方面，更重要的是公民的一种满意程度。中国政府的根本宗旨是“为人民服务”，这是“效能感”的最好的体现，也是有别于政府行政效率提升的最有力证明。

行政效能的提升，在效果维度上的体现，最主要的一点就是公民对政府的满意度，这种满意度是政府行政的最有力的评价标准，而政府效能的提升也应以此为最核心的目标。政府行政追求的不应是简单的成本降低和效率提升，更重要的是在此基础上的效果优化。例如，对地方政府透明度的公众满意度调查显示，有超过50%的受访者表示对地方政府透明度不满意，这就表示地方政府在效能提升的过程中应努力做到：一是加强地方政府行政人员的业务水平及改进其服务态度；二是完善地方政府信息公开机制，强调公民参与监督；三是增强地方政府决策信息来源的可靠性①。

三、提升中国政府行政效能的对策

我们应该用全面的、联系的、发展的眼光来看待提升政府行政效能这一项系统化工程。在中国，我们应根据新时期的具体国情，结合当前政府行政效能低下的具体表现和原因，在借鉴其他国家成功经验的基础上，建设一个有中国特色的效能政府管理模式。

---

① 王荟淞. 地方政府行为对公民满意度的影响研究. 成都：电子科技大学，2013.

1. 进一步转变政府职能，优化组织机构

进一步转变政府职能，继续推进政府机构改革，深化中国政府的行政体制改革，是提升政府行政效能的前提和基础。在当前和今后的一段时间内，进一步转变政府职能、优化组织机构，理应成为中国政府提升行政效能的首要任务。

（1）转变政府职能。

政府行政效能建设和政府职能转变是相互影响、相互促进和相互制约的。政府职能转变是政府行政效能建设的前提和基础，它决定着行政效能建设的行动方向和目标。随着中国社会主义市场经济的发展，政府行政职能越位、缺位和错位问题在某些领域日益凸显出来。只有进一步转变职能，使政府职能尽快向“经济调节、市场监管、社会管理、公共服务、生态环境保护”方向转变，切实解决好政府各部门之间的一些突出问题，如责权脱节缺位、职能重复交叉、多头审批等，进一步明确政府及各部门之间的职能权限，使各行政部门做自己该做的事，各司其职，才能减少时间和人财物等成本的浪费，提高行政效率、效益和效果，进而提升政府行政效能。

（2）优化组织机构。

中国当前机构改革的任务还很艰巨，其改革目标是按照完善社会主义市场经济体制和进一步转变政府职能的要求，理顺政府部门间的职能分工，优化政府机构设置，提高政府管理水平，最终建设一个“行为规范、运转协调、公正透明、廉洁高效”的行政管理体制。

此外，应坚持统一的机构改革指导思想。为了进一步优化政府机构设置，完善政府的组织结构，健全行政运行机制，我们应紧密围绕“职责关系的理顺和职能转变”这条主线，按照决策权、执行权和监督权既互相协调又互相制约的要求，根据“精简、统一、效能”的基本原则，探索实行机构与职能协调统一的大部门体制。这是机构改革必须坚持的指导原则。

2. 健全政府运行机制，推行电子政务

健全政府的运行机制、加强电子政务的建设是提高中国政府行政效能的重要途径之一。这有利于政府维护良好的社会秩序，为公民创造良好的社会环境，有利于政府提高办事效率，为公民提供更加优质的社会服务，创造更佳的社会效益，最终使政府真正发展成为公开透明、规范有序、便民高效的政府。

(1) 健全运行机制。

为进一步提升中国政府行政效能，使政府行政管理达到公开透明、规范有序、便民高效的目标，我们需按照分工合理、权责一致、执行顺畅、决策科学、监督有力的原则，重点围绕决策、执行、监督、管理创新四个环节健全行政管理运行机制。一是建立责权统一、公正透明、能反映民意的行政决策机制；二是建立执行有效、协调、激励与约束一体的行政执行机制；三是建立涵盖行政决策、执行全过程的监督机制；四是健全行政运行机制，加强政府管理创新。

(2) 推行电子政务。

随着互联网的发展，世界各国政府信息发布、信息公开以及信息服务的方式有了新的突破和发展，电子政务应运而生并在极短的时间内成为政务信息服务的主流方式。电子政务能有效地改进政府公共服务方式、提高公共服务水平和效率。当今世界各国都将推进电子政务建设作为带动本国经济发展和社会信息化发展的一项重要举措。

电子政务是政府组织机构将其外部和内部的服务和管理职能通过计算机和网络通信等现代信息技术进行的无缝隙集成。它克服了部门分割、空间和时间的制约因素，使政府机构频繁而数量巨大的日常事务和行政管理在政府工作流程优化、政府机构精简、政府部门重组和政府资源整合后，按照事先设计的程序通过政府的网站展开，从而为政府机构自身和社会全方位地提供了一整套符合国际惯例的一体化的透明、优质、高效、规范的服务和管理。因此，强化电子政务对促进政府管理方式优化、提升政府行政效能具有重要意义。

自2010年《全国机构编制部门电子政务发展规划（2011—2015年）》出台后，国家电子政务主管部门和相关业务部门相继出台了多项电子政务文件，围绕统筹协调、网络建设、信息共享、业务应用、安全保密、标准规范、法律法规和绩效考核等内容做了全方位任务分解和实施部署。国家发改委、工信部等相关部门经过不懈努力，逐步明确了电子政务的发展方向、重点领域、推进思路、组织体系、工作机制和保障措施，为电子政务健康发展提供了强有力的制度保障，使中国电子政务发展环境和领域生态得到持续改善，对电子政务建设快速推进起到了关键作用。

总的来说，中国电子政务在近些年取得了长足的进展，但其中也难免存在一些弊端。因而，在当前的电子政务建设中，应采取分层次和分阶段的建设方式实现政务系统的共建共享，遵循统一的标准来规划电子政务的总体发展方案，进一步完善可以保障电子政务发展的各项法律法规政策，同时引入激励机制和竞争机制以调动政务机关人员的积极性，促进政务工作效率的提高，从而提升政府的行政效能，推动电子政务更好更快发展。

3. 强化公务员服务意识，加强能力建设

政府在现代社会经济中所发挥的作用是要通过政府行政人员的具体服务体现出来的，政府效能的高低在一定程度上取决于具体运用权力为公众服务的行政人员的业务能力、思想观念、职业道德、工作态度等。政府要有效地实现其目标，既需全体政府工作人员齐心协力，形成合力，又要有相应的管理知识和技能的合理结构作为支撑。也就是说，人的因素至关重要。政府工作人员如何选择个人行为，怎样协调个人与群体利益的关系、履行好职责，直接关系到政府管理的效能。建设一支高素质、专业化、勤政廉政的公务员队伍，是提升中国政府行政效能的重要前提和保障。

（1）强化服务意识。

公共服务是政府的基本职责，也是政府合法性的逻辑前提。在现代

政府理论中，公民将管理公共事务的权力以合法的程序授予政府，政府则承诺为公民提供良好的公共服务并且维护公共利益。在此过程中，政府和政府机关公务员接受了公民的委托，充当了公共利益的维护者、公共资源的管理者、公共产品和公共服务的提供者、公民权利的保障者、公共组织的监督者。可见，在现代政府理论的视角下，公民和政府有一种基于法律的契约关系。因此，公共服务意识是公务员和政府的基本价值取向和职业精神，公务员服务意识直接影响政府公共服务职能履行的成效。

公共服务意识包括平等意识、责任意识、公共意识、治理（社会合作）意识、便民利民意识、公仆意识和奉献意识等。当前，中国公务员服务意识缺失的现象依然存在，某些地方甚至较为突出，公务人员的服务意识缺失将直接影响政府行政效能的提高。当前，政府为强化服务意识，采取了以下措施：首先，使公务员牢固树立正确的政绩观，加强了行政文化建设；其次，加强了公务员的教育培训，将管理寓于公共服务之中，改进行政工作管理方式，提升公务员的素质和工作能力；最后，加强了政府绩效考评和舆论监督，强化了公务员服务意识，使其树立效能观念，进一步提高政府的行政效能。

（2）加强能力建设。

公务员承担着管理国家事务和社会公共事务的重要职能，加强能力建设是公务员履行好职责的重要保障。一支高素质、专业化的行政管理干部队伍，直接保证了政府行政的效率、效益和效果，是提高政府行政效能的关键。要建设这样的队伍，一要更新公务员的学习观念，公务员应按照学习型组织理论的指导，转变传统的狭隘学习观念，建立“终身学习”的观念。政府机关每个公务员都应养成终身学习的习惯，将学习看成终身的追求和需要，作为终生的事业来对待。只有在工作中不断学习，才能形成良好的学习气氛，进一步加强学习型政府的建设，从而提高政府的工作效率。二要创新公务员培训方式，改革培训内容。在公务员的培训内容上采取实践和理论相结合的原则，以知识更新为索引，针对当前新形势下政府管理中存在的社会管理问题和市场经济运行中出现的弊端，注重开发公务员的管理能力和创新思维。迅速更新的知识体系能使公务员不断更新自己的头脑，充实自己，在工作中做到学以致用，从而提高工作效率。三要改进公务员考核方式。在考核过程中应注意考核结果的公平、公正和公开，将考核结果与公务员的切身利益结合起来，如公务员的工资、奖金和津贴，公务员职位的提升与任用等，从而达到激励公务员的目的，使其加强自主学习，不断提高自身的能力和素质，提升行政工作效率。

4. 完善政府绩效评价系统，加大效能监察力度

绩效评价和效能监察是政府行政效能建设的重要内容，也是推动政府行政效能提升的重要手段和力量。借助科学的评价系统，可以客观判断政府行政效能所取得的成果和效果，明确需要改进的方向；通过对政府效能的监督监察，不仅可以预防和惩治腐败，还可以推动政府改善行政方式，规范行政行为，进而达到提高政府行政效能的目的。

（1）完善绩效评价。

将绩效管理理论、方法与技术引入政府，以改进政府的行政管理和公共服务，已成为国内外的一种发展趋势。政府绩效评价就是对政府职能的履行情况、目标的完成情况、社会效果的反映情况进行客观的、有侧重的、综合性的评价。目前中国各级政府在开展绩效管理方面都进行了一定的探索，也取得了一定成效。但总体来说，中国政府的绩效管理尚属起步阶段，还有许多困难和问题需要克服和解决，比如绩效评价主体单一、评价指标不合理、评价方法不得当等。

为了实现评价行为规范化、评价方法科学化、评价方式立体化和评价结果公开化，应建立规范、科学的政府评价制度，建立健全科学的政府绩效考核体系。具体来说，一是应该坚持定性考核与定量考核相结合、平时考核与定期考核相结合、组织考核与群众考核相结合、纵向比较与横向比较相结合等立体化多元化的评价方式；二是需要社会各界广泛参与，既要自下而上，又要自上而下，不能光自我评价和只由上级机关评价，要建立有多元化评价主体的政府考核体系；三是政府绩效考核

的过程和内容要公开，考核结果更要公开，在考核过程中杜绝“暗箱操作”，增加政府绩效考核的透明性和公开性；四是对绩效考核的内容、对象、主体、方式、结果和考核体系等基本要素通过制定行政法规或立法做出明确详尽的规定，确定政府考核的规范和制度，依法推动政府绩效考核；五是必须由表及里，进行多层面、多角度的“透视”，建立透过现象看本质的科学化考核方法，提高政府的工作效率。

（2）加大效能监察力度。

行政效能监察是使政府职能得以顺利实现的重要手段，是国家行政管理体系的一个重要组成部分，更是提升政府行政效能的重要保障。建立完备的法律法规体系和监督约束机制是行政效能监察工作顺利开展的保障。为做到建立健全法制化的行政效能监察机制，需进一步完善内部监督约束机制，对各级行政机关加强监督进一步健全各项规章制度和政策。具体来说：首先，完善行为规范制度的建设。为使行政效能监察“有章可循、有法可依”，符合对权力运行机制“配置科学、结构合理、制约有效、程序严密”的制约要求，应督促效能监察机关对政府行政管理活动的效率和质量做出规定，对规范行为的制度建设予以加强，逐步完善岗位责任制、政务公示制和首问负责制等。其次，制定操作性和规范性较强的制度，完善相关工作规则。最后，推进政务公开制度。此制度要结合群众监督，对违法行为予以揭露，树立廉洁典型的形象，同时应注意发挥新闻媒体的作用，这也有利于行政效能监察工作的完善。

四、政府效能建设的成效及问题

1. 政府效能提升取得的成就

行政效能的建设，有力地推动了行政现代化、法制化和科学化的发展，取得了可喜的成就。这主要体现在促进行政公平，促进行政伦理建设，帮助营造良好的外向型行政环境，保证机构改革、人员分流的顺利进行这几个方面。

（1）促进行政公平。

公平是一定的行为主体从自身利益出发，对某种处事机制的正面评价，对某种行为或行为准则的认同。行政公平反映了政府与社会、公民之间的本质关系，是维护政府合法性权威的真正基础，是行政管理的核心问题。可以说，行政效能建设的目的就是促进行政公平。效能建设体系中的端正服务态度、简化办事程序、规范办事制度、提高行政效率等一系列环节设计都是为了更好地提供公共服务，让社会和民众满意。即使出现行政不当行为，行政相对人觉得有冤屈，效能建设体系中的行政申诉组织可以依靠法律法规赋予的审查权、调查权和处理权，通过严肃的工作程序，采取积极的行政措施，公道办事，伸张正义，还行政相对人一个公平。

（2）促进行政伦理建设。

对于当代中国政府公务员来说，精神文明的核心内容就是行政伦理、行政道德，集中表现为在行使公共权力过程中，对“应该如此”的公共服务工作的行政责任感。行政效能建设是推进行政伦理建设、精神文明建设的一个重要机制。效能建设与效能监督和勤政建设有区别，很重要的一点就是它包含了促进观念转变、培育行政责任感这样主动性、深层次的内容。此外，行政效能还有一种间接的效用，由于公共管理职业的特殊性，公共管理行为方式在整个社会职业体系中有强烈的示范作用，行政伦理、行政道德建设将推动全社会的精神文明建设和社会风气的不断优化。

（3）帮助营造良好的外向型行政环境。

行政环境是一个非常复杂的体系，按不同的标准，可以进行不同的分类。根据各种因素性质上的差异，行政环境可区分为自然环境与社会环境。

行政的自然环境指行政生存空间所包括的各种自然存在物，具体指一个国家或行政部门所处的地理位置以及存在于这一地理位置上，对行政产生直接或间接影响的物质世界。对行政活动产生影响的自然环境主要包括各种自然资源，如空气，水，土地，矿产资源以及由各种微生物、动植物构成的生态系统。

行政组织的社会环境可分为三类：一是对一切行政组织均发生影响的一般社会环境，二是对某种组织有直接影响的特定社会环境，三是行政组织外的团体社会环境。

行政环境是行政系统赖以存在和发展的基础。行政系统必须并只能在一定的行政环境中运行和发挥作用。行政环境改变了，行政系统的存在和活动方式也必须随之改变。政府代表国家运用公共权力对社会进行方方面面的管理，政府行为作为一种环境因素影响其他主体行为是全方位的。提高行政效能，能够帮助营造一种良性的外向型行政环境，能够有效地促进其他主体的正向行为。

（4）保证机构改革、人员分流的顺利进行。

越是基层的改革，人员分流可供选择的空间越小，改革的压力越大。在这种情况下，行政效能建设成为机构改革、人员分流能够顺利进行的一种保障机制。这种机制不仅有助于人员顺利分流，还有助于巩固改革成果，有助于公务员素质和效能的提高。虽然政府在机构改革、人员分流的过程中实际遇到了许多的问题，但持续稳定地推进机构改革仍然是促进行政效能提高的重要措施。机构改革、人员分流的目的是建立一支精干的、高素质的专业化行政管理队伍，从某种角度上说，行政效能的提高是改革成功的标志。

2. 政府效能提升面临的难题

随着政府改革的不断深入和发展，政府行政效能得到了很大的提升，但由于目前政府效能提升方面的制度设计还不健全，监督机制和激励机制还不够完善，在进行具体行政工作效率提升时还会遇到许多无法控制的障碍，这些都极大地阻碍了政府高效率、高质量、高水平的行政服务。在政府行政效能所面临的问题中，最主要的问题是僵化的行政思想、功利消极的工作态度，更具体地说，包括以下几个问题。

（1）政府职能转变滞后。

政府职能转变不到位，政府的行政行为与社会主义市场经济的要求不相称，产生了越位、错位、缺位“三位现象”。一是政府管理职能界面仍然过宽，管了许多不该管也管不好的事务。一些地方政府对自身管理职能的认识模糊不清，把政府帮助市场发育的行为，在很多场合演变成为政府直接参与乃至代替市场活动的行为，使许多本来应该通过“看不见的手”做的事情，变成了政府职能。这一方面大大增加政府的行政成本，另一方面导致管理效率低下，甚至产生负面效应。二是用管制的办法去处理社会主义市场经济条件下的现实问题，造成职能错位，效能低下。有的地方政府履行了不应由政府履行的企业职能、中介组织和市场职能。比如在定价过程中，有些地方政府部门过多介入竞争性产品的价格决策，忽视了政府只拥有价格监管和维护价格秩序的职能；有的地方政府越俎代庖，成立官方行业协会，代替原来的行业主管部门，行使行政职权，忽视对社会行业协会的培育；有的地方政府在进行公共事业（如城市公交、供水、供电、供气、铁路、邮政、公立教育、福利医疗等）价格决策时，忽视消费者参与，不履行城乡居民听证程序。三是职责不到位，应当由政府履行的职责政府没有很好地承担起来。如在监控商品质量、维护市场秩序、建立社会信用、保障基础教育、完善公共卫生体系、健全社会保障等方面，没有提供充足的公共产品和服务，没有尽到政府应尽的职责，造成政府不到位或“缺位”。行政行为的“三位现象”使政府行为虚耗了公共资源，客观上产生了高耗能、低产出的不良结果。

（2）机构设置不合理。

一是机构的设置和精简存在随意性和盲目性，缺乏科学性、法制性。我国的行政机关虽然完成了七次机构改革，但都没有从根本上走出“精简—膨胀—再精简—再膨胀”的怪圈。目前，机构交叉重叠、层级繁多、人员庞杂等现象依然存在，一个重要原因就在于改革单纯从裁并机构和裁减人员出发，没有真正从转变政府职能着力，也没有建立起机构编制法制化管理的体系。二是机构设置缺乏系统性和整体性。部门设置考虑上下对口、照顾现实多，通盘考虑、整体设计少；部门分工过细，部门之间缺乏沟通、协调机制，造成各自为政、多重管理或管理真空；在经济和社会管理中，面对新出现的一些现象和问题，不是从政府管理的全局角度考虑机构之间的协同和分工，而往往是成立新的部门来管理；要新办一件事，往往不是发挥职能部门和现有工作体系的作用，而是单独设立各种非常设机构进行管理，甚至出现相同工作多个机构“齐抓共管”的局面。

（3）僵化退化的行政思想阻碍政府行政理念革新。

行政思想是指人们在对行政现象的反映过程中形成的系统化、固定化的观念。受几千年传统文化影响形成的僵化退化的行政思想，主要表现为“官本位”特权思想。2 000多年的封建社会形成了高度集权的专制制度和等级森严的官僚制度。在这个金字塔形的结构中，上尊下卑，界限分明，不容僭越，行政人员和社会公众的等级意识附带强烈的“官本位”色彩，行政人员的社会地位和能力水平都是由官阶的高低决定。部分行政人员由于受传统“官本位”思想影响比较深，头脑中渐渐失去了法治意识和服务意识，在工作中开始习惯用行政命令手段推行政务，并且排斥新的行政理念。正是基于此，浓厚的“官本位”观念成为行政体制改革、政府效能理念普及、政府效能提升的巨大阻力。

（4）功利消极的行政心理阻碍政府行政效率提升。

行政心理指人们在对行政现象的反应过程中所形成的直接心理状态，是行政文化的发生性构成因素，表现为行政主体的知觉、情感、态度和个性等内容。功利消极的行政心理主要体现在以下两方面：

一是功利主义的行政心理。在社会主义市场经济条件下，各市场主体以独立的身份参与市场竞争并追逐自身利益，对利益的过分追求必然导致功利主义的心理。功利主义行政心理导致行政人员出现个人主义、本位主义和小团体主义行为，重视私人利益，忽略公共利益，重视局部利益，忽略整体利益。基于功利主义行政心理，行政人员以及政府片面追求效率，导致一些政府决策者忽视社会公平和正义，从而引发群体性社会矛盾。

二是消极保守的行政心理。受传统文化的影响，现今不少行政工作人员存在着“无过就是功”的心理，在工作中奉行“事不关己，高高挂起”“多做多错，少做少错，不做不错”的消极原则。政府工作人员在“无过就是功”这种消极心理的影响下，不求上进，缺乏学习积极性，忘却责任使命，迷失人生方向，缺乏生活激情和工作动力。消极保守的行政心理不但严重淡化了行政工作人员自我提升的需求，降低了工作人员自我价值实现的需求，而且严重影响了行政工作人员自身主观能动性的发挥，也阻碍了行政工作人员素质的提升，进而妨碍了政府效能的提升。

在实际生活中，政府工作人员的懒政怠政成了不容忽视的重大问题。懒政怠政是党员干部消极颓废、精神不振、不思进取、裹足不前的表现。为官不为、懒政怠政，严重影响了机关作风建设和党员干部的良好形象，破坏了党群干群关系，不利于国家的长治久安和社会经济正常发展。整治为官不为、懒政怠政势在必行，要坚决“下猛药”“动刀子”“出重拳”“严追责”，让党风政风为之一新、党心民心为之一振，重塑政治生态环境。

近年来，中国以提升政府的行政效能为重点的行政体制改革已经取得了较为明显的成效，但在某些领域和某些方面，行政效能依旧不尽如人意，主要表现为效能意识淡薄、职能庞杂、机构臃肿等。体制、机制和人员等因素是导致这些问题的深层原因。中国虽然在发展过程中取得了巨大的成就，但是也依旧存在许多问题，这些问题在改革现阶段已经发展到不容忽视的地步。因此，在当前正在进行的第八次行政改革过程中，依旧需要不断地反省、完善现阶段的制度，为转变政府职能，扎实稳步地走中国特色社会主义道路提供坚实有力的制度保障。

第八章

中国行政改革的未来

8 中国行政改革的未来

当今世界，政治多极化和经济全球化的趋势逐渐加强，综合国力竞争日益激烈。在这样的时代背景下，中国社会主义市场经济快速发展，民主政治进程逐步加快，社会生活也日益复杂化。面对国际国内的深刻变化，中国政府在深化经济体制改革，完善社会主义市场经济体制，推进经济、政治、文化、社会发展的同时，进一步深化行政体制改革。根据党的十九大和十九届三中全会以及十三届全国人大一次会议精神，目前中国行政改革的目标是，坚持以人民为中心，坚持全面依法治国，以加强党的全面领导为统领，以国家治理体系和治理能力现代化为导向，加强和完善政府经济调节、市场监管、社会管理、公共服务、生态环境保护职能，调整优化政府机构职能，深化简政放权，创新监管方式，全面提高政府效能，增强政府公信力和执行力，建设人民满意的服务型政府。

中国行政体制呈现“矛盾性”特征，而现实中诸多“体制性问题”也根源于这种“矛盾性”。为了解决这些矛盾，就需要进行行政体制的改革，而改革也必将伴随行政体制发展的始终。新中国成立以来，已经进行了七次大规模的改革。综合来看，这七次体制改革主要集中于机构改革、政府职能转变、行政法治建设方面，通过不断的实践与探索，逐步完善了中国行政体制。通过系统的行政体制改革，目前的政府体制，从组织架构到管理方式、运行机制等，与计划经济体制相比，都发生了历史性的变化。但同时也存在不足之处，一些深层次的问题没有得到很好的解决，这都迫切需要继续深化以政府自身改革为中心的行政体制改革，进而推动政府转型。2018 年 3 月开始的第八次行政改革，积极适应中国特色社会主义新时代的要求，从理念到举措都令人耳目一新，为之一振。在今后的一段时间内，中国行政改革包括多项主要任务。

一、进一步促进政府职能转变

转变政府职能，简政放权是行政改革的核心，也是处理好政府与市场关系的关键。政府职能转变的基本方向和目标，体现在三个方面：推动政府职能向创造良好发展环境、提供优质公共服务、维护社会公平正义的转变，具来又需要从持续推进政府职能转变、全面实行清单管理制度、深化商事制度改革、建设全国政务信息一张网工程这几方面入手。

1. 持续推进政府职能转变

使市场在资源配置中起决定性作用和更好发挥政府作用，必须深化简政放权、放管结合、优化服务改革。这是政府自身的一场深刻革命，要继续以壮士断腕的勇气，坚决披荆斩棘向前推进。进一步加大地方简政放权力度，集中整治政府大量存在的虽不是法律意义上但实质上属于行政审批的项目；大力消除地方政府简政放权时“有利就执行，无利不落实”的现象。同时要创新监管方式，加强监管能力建设，特别是要加强食品药品、生产安全、生态环境保护等涉及人民群众身体健康和生命财产安全领域的监管能力。

2. 全面实行清单管理制度

制定国务院部门权力和责任清单，扩大市场准入负面清单试点，减少政府的自由裁量权，增加市场的自主选择权。清理取消一批生产和服务许可证。

推行清单管理制度，目的在于落实责任主体，明确责任、优化服务、提高效能，推进机构、职能、权限、程序、责任法定化，防止权力行使中的越位、缺位、错位。同时也要进一步明确廉政风险点，强化对单位内部的关键岗位、重点环节的廉政风险防控，构建权界清晰、分工合理、权责一致、运转高效的管理体系。

清单管理制度包括责任清单、权力清单和负面清单三个方面。责任清单明确责任范围，主要明确单位、部门的职责功能，解决“干什么”的问题。权力清单明确业务流程，主要明确单位、部门通过行使哪些公共权力实现职责功能，以及行使公共权力的职责边界，解决“怎么干”

的问题。负面清单明确权力运行规范，主要明确单位、部门人员、机构行使权力的“禁区”，解决“哪些不能干”的问题。

3. 深化商事制度改革

实行多证合一，扩大“证照分离”改革试点。完善事中事后监管制度，实现“双随机、一公开”监管全覆盖，推进综合行政执法。按照国务院的部署和要求，涉及企业证照的部门要形成共识，把方便尽可能多地留给企业，让信息、数据多跑路，让企业少跑路。“多”字所代表的具体数目并不重要，很有可能也不再是一个具体的数字，所以“证照合一”整合的最终目的是通过政府部门间信息的共享和业务的协同，让企业不再需要办理多个证照，让企业不再反复多头提供信息，最终实现一张营业执照记录商事主体经营资格、资质类行政审批、登记备案证明或证明文件等各种信息，真正实现“一照走天下”。

商事制度改革的思路，一是使企业更加便利化。商事制度改革以来，根据世界银行的营商报告，每年中国的营商环境排名提高 6 位，三年提高了 18 位。根据国际算法，每千人拥有企业数量是一个指标，说明这个社会的活力。2013 年改革之前，中国每千人是 11 家企业，2016 年每千人是 17 家企业，发达国家为每千人是 40～55 家，所以在企业创办上仍有空间。2016 年，深圳、广州、上海都达到每千人 70 家甚至更多，如果各个地方的营商环境进一步变好，企业会大量增加，直接对经济、就业产生重要的促进作用。

4. 建设全国政务信息一张网工程

加快建成全国统一政务服务平台的步伐，逐步实现从管制型政府向服务型政府的转变，促进行政三分制改革，建立健全决策权、执行权、监督权既相互制约又相互协调的权力结构和运行机制。大力推行“互联网＋政务服务”，推进实体政务大厅向网上办事大厅延伸，打造政务服务“一张网”，简化服务流程，创新服务方式，对企业和群众办事实行

“一口受理”、全程服务，打通数据壁垒，拆除“隔离墙”，抓紧制定政府部门间的数据信息共享实施方案，打破“信息孤岛”，实现各部门各层级数据信息互联互通、充分共享，体现信息合力，营造行政效率高、行政成本低、行政过程公开透明的政务环境。

二、稳步推进大部门体制改革

大部门体制改革是中国政府机构改革的重要组成部分，也是实现深化行政管理体制改革的总体目标——到 2020 年建立起比较完善的中国特色社会主义行政管理体制的重要改革步骤之一。从 2008 年开始，从中央到地方政府都推行了大部门体制改革。国务院迈出了坚实的一步，产生了 5 个大部门，地方的大部门体制改革也有明显的突破。大部门体制是一种合理设置机构、优化职能配置的政府组织模式，是政府组织架构调整与政府运行机制再造的统一。实行大部门体制改革，可以有效克服行政体制中机构重叠、职能交叉，政出多门、多头管理，职责不清、效率低下等弊端，而且有利于推进决策科学化、民主化、规范化，提高决策水平。党的十八大报告明确提出，要稳步推进大部门体制改革，健全部门职责体系。中国的大部门体制改革应当继续沿着渐进式的改革路线，对职能相近、管理分散的机构进行合并调整，以利于权责统一、提高整体效能。同时，形成跨部门协调配合机制，既发挥大部的强大机构能力，又借助多个部门的行政资源以实现公共目标。科学划分、合理界定政府各部门职能，包括综合部门与专业部门、专业部门与专业部门的职责关系，明确各部门责任，确保权责一致。进一步理顺部门关系，健全各部门间协调配合机制，科学规范部门职能，合理设置机构，切实解决职能交叉、权责脱节和多重多头执法等问题。此外，地方政府大部门体制改革应当走差异化的改革道路，允许各地方根据本地实际情况设计改革方案。

三、优化行政层级和行政区划设置

党的十八大报告提出，要优化行政层级和行政区划设置，有条件的地方可探索省直接管理县（市）改革，深化乡镇行政体制改革。按照这一要求，政府必须适应经济社会发展以及政府职能转变，认真解决中国在当前行政层级和行政区划方面存在的一些问题。

1. 进一步优化行政层级

合理、协调的行政层级是国家行政权力顺畅、高效运行的重要条件和基础。应合理确定中央与地方政府的职能与责任，健全中央和地方财力与事权相匹配的体制，科学界定和明确省以下不同层级地方政府职能与权责关系，充分发挥地方各级政府的积极性。省直接管理县（市）的改革是这方面改革的重要探索，推行省直管县（市）体制，优化纵向行政层级结构，减少中国行政区划及相应行政管理体制的层级，进而带动省、县两级行政区管辖幅度的调整，建构规模合理、层级简化、活力旺盛的中国特色行政区划体制及相应的政区管治体制，是推进现代化、城市化和市场化最重要的体制创新。省直管县有利于减少行政层级，优化配置资源，提高行政效率，加快社会经济发展，但由于中国各地发展不平衡，改革要积极而慎重地进行，要坚持从实际出发，因地制宜决策，有条件的地方可以继续进行探索，要及时总结经验，正确加以引导。

2. 优化行政区划设置

从城市发展的角度来看，优化行政区划设置不仅可以整合各种资源，减少不同地区间的行政壁垒，更好地发挥区域优势，促进城市经济社会进一步发展，并且在一定程度上还可以精简政府机构，促进政府行政效率的提高。近些年来，中国经济体制改革、政府职能转变以及城市化发展对行政区划设置提出了新要求，如在新型城镇化的推进中应突出

“以人为本、功能优化、生态建设”的重点等。根据实际发展需求，应依据有利于促进科学发展、有利于优化配置资源、有利于提高社会管理水平和更好提供公共服务的原则，合理调整行政区划。但与此同时，行政区划调整在扩大经济和生产力资源的同时，也会相应增加社会管理责任。在行政区划调整设置过程中，对教育、医疗卫生、社会保障、养老、社区服务、外来人口管理等问题，地方政府须担当好因区划调整而增加的社会责任。

3. 推动社会治理创新

健全基层群众自治制度，加强城乡社区治理。充分发挥工会、共青团、妇联等群团组织作用。改革完善社会组织管理制度，依法推进公益和慈善事业健康发展，促进专业社会工作、志愿服务发展。切实保障妇女、儿童、老人合法权益。加快社会信用体系建设。加强法治宣传教育和法律服务。落实信访工作责任制，依法按政策及时就地解决群众合理诉求。深化平安中国建设，健全立体化信息化社会治安防控体系，严厉打击暴力恐怖活动，依法惩治黑恶势力犯罪和盗窃、抢劫、电信网络诈骗等多发性犯罪，维护国家安全和社会稳定。严格规范公正文明执法，大力整治社会治安突出问题，全方位提高人民群众安全感。

四、全面推进依法行政

加强政府自身建设与改革，是社会高度关切的重要话题。尽管各方面对党的十八大后中央加强政府自身建设与改革所采取的措施、成效整体给予比较高的评价，但是由于问题积累太多，离公众的期望还有很大差距。比如，中纪委公布的数字显示，从 2012 年 12 月 4 日中央公布转变作风的八项规定到 2015 年 10 月的近三年内，全国已累计查处违反八项规定事件 104 934 起，处理 138 867 人，其中 55 289 人受到党纪政纪处分。这些违纪案件多数集中在四个领域，其中：违规配备使用公务车 20 295

件，大办婚丧喜庆活动 8 662 件，违规公款吃喝 5 305 件，违规收送礼品礼金 4 790 件。另外，公款国内旅游2 846 件，楼堂馆所违规问题 839 件。2016 年“打虎拍蝇”更是取得重大成绩，1—11 月，全国查处违反中央八项规定精神问题 3.58 万起，处理 5.08 万人，其中给予党政纪处分 3.75 万人，被法院宣判的省部级以上“落马”官员超过 30 人，为历年之最。2016 年，全国共查处侵害群众利益问题 70 369 起，处理 86 320 人，其中扶贫领域腐败问题 13 285 件，处理 16 487 人。这说明即使是在中央八项规定实施以后，这方面问题依然突出。鉴于此，在政府自身建设与改革方面，除了要确立长效机制、常抓不懈之外，还要针对民众呼声高的某些关键方面，敢于进一步出击，大胆地进行制度变革[①]。

在西方发达国家，国家与社会关系的变迁是一种内源型、被动式的发展过程，这一过程是通过社会力量不断积累，主动制约政府实现的。一方面，政府的权力范围逐渐缩小，但执政能力大大加强。政府权力仅限于提供国防、外交、法律、公共安全、财产保护、基础教育、宏观经济稳定等社会“公共物品”，而被禁止用于组织社会生产和社会生活。然而，政府权力范围的缩小，并不意味着政府能力的降低，在自身权力范围之内，政府的行政执行能力大大增强。另一方面，社会权力和社会能力均得到加强。各类社会主体的自主行动空间日益扩大，社会的资源拥有量和社会的独立程度逐渐提高；社会组织及其成员将自身权力范围内的自主意志、目标转化为现实的能力增强。

在大多数发展中国家，政府和社会关系的发展是一种外诱型、主动式的发展过程，由于国家受到外来冲击，政府在迫不得已的情况下调整自身职能和权力范围，而越是后发展国家，其政府在社会发展中所起到的作用就越大，较之发达国家而言，发展中国家面临着完全不同的历史条件和国际发展环境。世界市场体系已经大致形成，而且在这一市场体系中，发展中国家多处于十分不利的“依附”地位。因此在发展过程中，它们的一个突出特点是政治变革引导经济变革，国家全力投入追赶

---

① 魏礼群. 中国行政体制改革报告（2016）. 北京：社会科学文献出版社，2016：14.

型现代化、强制型工业化。

1. 坚持依法全面履职

各级政府及其工作人员要深入贯彻全面依法治国要求，尊崇法治、敬畏法律、依法办事；加大政务公开力度；坚持科学决策、民主决策、依法决策，广泛听取各方面意见特别是批评意见。各级政府要依法接受同级人大及其常委会的监督，自觉接受人民政协的民主监督，接受国家监察机关的监督，主动接受社会和舆论监督，认真听取人大代表、政协委员、民主党派、工商联、无党派人士和各人民团体的意见。人民政府的所有工作都要体现人民意愿、维护人民利益、接受人民监督。

2. 始终保持廉洁本色

要认真落实全面从严治党要求，把党风廉政建设和反腐败工作不断引向深入。坚决贯彻落实党中央八项规定精神，一以贯之纠正“四风”（形式主义、官僚主义、享乐主义和奢靡之风）。加强审计监督。保持惩治腐败高压态势，聚焦重点领域，严肃查处侵害群众利益的不正之风和腐败问题。广大公务员应做到持廉守正，干干净净为人民做事。

3. 勤勉尽责干事创业

中国改革发展的巨大成就是广大干部群众实干出来的，再创新业绩还得靠实干。各级政府及其工作人员要做到干字当头，真抓实干、埋头苦干、结合实际创造性地干，不能简单以会议贯彻会议、以文件落实文件，不能纸上谈兵、光说不练。要充分发挥中央和地方两个积极性，鼓励地方因地制宜、大胆探索，竞相推动科学发展。严格执行工作责任制，特别是对重点任务，要铆紧各方责任、层层传导压力，确保不折不扣落实到位。强化督查问责，严厉整肃庸政懒政怠政行为。健全激励机制和容错纠错机制，给干事者鼓劲，为担当者撑腰。广大干部要主动作为、动真碰硬，与人民群众同心协力，以实干推动发展，以实干赢得未来。

依法行政，建设法治政府，不仅是社会主义民主的时代要求，也是加强廉政建设、提高行政效率的迫切要求。由于长期以来非法治化倾向严重，加强社会主义行政法治建设，健全法律法规体系，加强行政立法工作，提高行政立法质量，实现政府机构、职能、行为等各方面的法定化势在必行。推进行政法治建设，重点在政府机构编制法制化、行政程序法制化、行政审批法制化等方面。党的十九大报告明确提出，到2035年，法治国家、法治政府、法治社会基本建成。进一步加强行政立法、执法和监督工作，加强行政程序和行政监督制度建设，规范政府行为，推进政府建设和行政工作法治化、制度化。不断提高行政机关工作人员依法行政的观念和能力，提高执法水平，确保法律的严格实施。建立行政机关工作人员学法制度，增强法律意识，提高法律素质。建立和完善法律法规，用法律手段保证行政管理的有效实施，做到有法可依、有法必依、执法必严、违法必究，严格规范政府自身的公共行政行为。

五、加强政府公共服务能力，全面完成向服务型政府的转变

1. 大力推进社会体制改革

深化收入分配制度配套改革。稳步推动养老保险制度改革，划转部分国有资本充实社保基金。深化医疗、医保、医药联动改革。全面推开公立医院综合改革，全面取消药品加成①，协调推进医疗价格、人事薪酬、药品流通、医保支付方式等方面的改革。深入推进教育、文化和事

① 国家发改委在2006年发布的《关于进一步整顿药品和医疗服务市场价格秩序的意见》中规定：县及县以上医疗机构销售药品，以实际购进价为基础，顺加不超过15%的加价率作价，在加价率基础上的加成收入为药品加成。2012年4月，国务院办公厅印发《深化医药卫生体制改革2012年主要工作安排》的通知，通知声明公立医院改革将取消药品加成。国务院医改办公立医院组和政策组负责人傅卫2015年8月6日指出，3 077家县级公立医院、446家城市公立医院取消了全部药品加成，江苏、浙江、福建、安徽、四川、陕西、宁夏已经在全部县级公立医院实行全面取消药品加成的政策。

业单位等部门的改革，把社会领域的巨大发展潜力充分释放出来。

2. 推进以保障和改善民生为重点的社会建设

民生是为政之要，必须时刻放在心头。在当前国内外形势严峻复杂的情况下，仍然要优先保障和改善民生，该办能办的实事要竭力办好，坚决保证基本民生的底线。

一是统筹城乡社保体系建设。推进整合城乡居民养老、医疗保险制度。做好城乡居民医保门诊统筹、大病保险等工作。全面建立临时救助制度。

二是促进各项社会事业均衡发展。推进教育公平，加大对贫困地区义务教育扶持力度。完善公共文化服务体系。改善教育、卫生、文化、体育等社会领域设施条件，切实保障人民群众发展需求。

三是稳定价格总水平。加强重要商品的产供销衔接，及时做好储备吞吐和进出口调节。切实降低流通成本，继续加强教育、医疗、涉农等民生价格监管。严厉查处价格欺诈和价格垄断行为。完善社会救助和保障标准与物价上涨挂钩联动机制，努力保障群众基本生活不受物价上涨影响。

四是促进房地产市场平稳健康发展。坚持房地产调控各项政策。加大对保障性安居工程建设的推进力度，加快普通商品住房开工建设，支持居民家庭首套自住购房需求。

五是加强和创新社会管理。畅通群众利益诉求渠道，严肃查处征地拆迁、生态保护、劳工用工等领域损害群众利益的行为，保持社会和谐稳定。

3. 大力促进就业创业

完善就业政策，加大就业培训力度，加强对灵活就业、新就业形态的支持。2017 年高校毕业生约 795 万人，再创历史新高，要实施好就业促进、创业引领、基层成长等计划，促进多渠道就业创业。切实做好退役军人安置工作。加大就业援助力度，扶持城镇困难人员、残疾人就业，确保“零就业家庭”至少有一人稳定就业。就业是民生之本，必须要确保人人具有在劳动中创造财富，在奋斗中实现人生价值的公平机会。

4. 办好公平优质教育

当前中国政府的工作重点包括做好统一城乡义务教育学生“两免一补”工作，加快实现城镇义务教育公共服务常住人口全覆盖，持续改善薄弱学校办学条件，扩大优质教育资源覆盖面，不断缩小城乡、区域、校际办学差距；继续扩大重点高校面向贫困地区农村招生规模；提高博士研究生国家助学金补助标准；推进世界一流大学和一流学科建设；深化高考综合改革试点；加快发展现代职业教育；加强民族教育，办好特殊教育、继续教育、学前教育和老年教育；加强教师队伍建设；制定实施《中国教育现代化 2030》。工作的重点是要办人民满意的教育，以教育现代化支撑国家现代化，使更多孩子成就梦想、更多家庭实现希望。

5. 推进健康中国建设

继 2016 年各级财政对城乡居民医保补助标准在 2015 年基础上提高 40 元，达到 420 元/人的水平后，2017 年城乡居民医保财政补助再次提高 30 元。至此，城乡居民医保补助标准达到 450 元，与此同时，个人缴费标准也继续提高，用药保障范围持续扩大。在全国推进医保信息联网，实现异地就医住院费用直接结算。完善大病保险制度，提高保障水平。全面启动多种形式的医疗联合体建设试点，三级公立医院要全部参与并发挥引领作用，建立促进优质医疗资源上下贯通的考核和激励机制，增强基层服务能力，方便群众就近就医。分级诊疗试点和家庭签约服务扩大到 85%以上地市。继续提高基本公共卫生服务经费补助标准。及时公开透明有效应对公共卫生事件。保护和调动医务人员积极性，构建和谐医患关系。适应全面二孩政策，加强生育医疗保健服务。支持中医药、民族医药事业发展。在保证食品药品安全方面，只有不断完善监管体制机制，充实基层监管力量，夯实各方责任，坚持源头控制、产管并重、重典治乱，才能稳步持续推进健康中国建设。

6. 织密扎牢民生保障网

李克强总理在 2017 年政府工作报告中指出，2017 年中国政府的工作重点之一就是继续提高退休人员基本养老金，确保按时足额发放；稳步提高优抚、社会救助标准，实施好临时救助制度；调整完善自然灾害生活补助机制，全部完成 2016 年洪涝灾害中倒损民房的恢复重建；加强农村留守儿童关爱保护和城乡困难儿童保障；关心帮助孤寡老人；全面落实残疾人“两项补贴”制度；县级政府要建立基本生活保障协调机制，切实做好托底工作，使困难群众心里有温暖、生活有奔头；锲而不舍解决好农民工工资拖欠问题，决不允许他们的辛勤付出得不到应有回报。

7. 发展文化事业和文化产业

加强社会主义精神文明建设，坚持用中国梦和社会主义核心价值观凝聚共识、汇聚力量。繁荣哲学社会科学和文学艺术创作，发展新闻出版、广播影视、档案等事业。建设中国特色新型智库。加强文物和非物质文化遗产保护利用。大力推动全民阅读，加强科学普及。提高基本公共文化服务均等化水平。加快培育文化产业，加强文化市场监管。推动中国文化走出去。统筹群众体育、竞技体育、体育产业发展，广泛开展全民健身，使更多人享受运动快乐、拥有健康体魄。人民身心健康、乐观向上，国家必将充满生机活力。

改革开放以来，中国的国家与社会的关系已经悄然发生了变化，即由高度一体化向良性分化转变。一方面，国家的控制范围、行为方式和控制手段发生了变化。首先，国家对社会的控制范围逐渐缩小，主要表现在人们的日常生活、文学艺术和科学研究等领域中，党和政府的直接控制和干预已经越来越少，社会的自主性明显增强。其次，在仍然保持控制的领域，控制力度在逐渐减弱，控制方式也在不断变化，即由一种直接对实际过程的控制，转变为一种原则性控制。最后，控制手段的规范化在加强。改革开放之前，国家对社会生活的控制比较随意，控制的范围可以延伸到任一领域、任一角落。改革开放以来，由于法治建设的推进以及政府行为逐步走向规范化，这种任意的控制开始向一种比较有规则的控制转变。另一方面，社会获得了较大的权力，这突出表现在：其一，社会成为一个相对独立的提供资源和机会的源泉，个人对国家的依附性明显降低；其二，相对独立的社会力量的形成；其三，社会组织化程度提高。

从政府与社会的合作关系来看：一方面，受到传统体制和“大政府、小社会”传统观念的影响，政府向市场和人民社会的放权始终“犹抱琵琶”；另一方面，中国人民社会的发育程度也并未达到可以完全自治或让人民以完全平等的身份参与公共事务。基于此，在中国的治理实践中，各级政府并不追求将治理职能完全交由市场与 NGO，而是更多通过改变自身的治理理念和运行方式，获得更高的权威和社会认同，以在多元治理格局中发挥主导性功能。可以说，与西方国家多元对多元的合作治理模式相对应，中国式一元对多元的主导型治理模式，既是基于文化传统、现行体制和发展水平等国情的理性选择，也充分体现了中国人对治理趋同性与多样性的辩证理解。

总之，中国的行政体制改革是一项系统工程，也是一个长期的过程。在原则上，行政体制改革应坚持以人为本、注重民生；坚持与社会主义市场经济、政治和文化体制改革相配套；坚持立足国情与借鉴国外经验相结合。在路径上，行政体制改革应采取渐进式的改革方式。在改革重点上，目前中国行政体制改革的重点在于：继续推进政府职能转变、深化大部门体制改革、梳理条块关系、调整行政区划、推进事业单位改革、推行行政问责制。在借鉴国外经验时，需在巩固改革前期成果的基础上，将立足国情与大胆借鉴相结合。在目标上，行政体制改革应在价值层面和现实层面有机结合的基础上提出并区分具体目标和总体目标。具体目标是建设服务型政府、法治政府，总体目标是推进中国特色社会主义道路的发展。

“认识中国·了解中国”书系

中国智慧：十八大以来中国外交（中文版、英文版） 金灿荣
中国治理：东方大国的复兴之道（中文版、英文版） 燕继荣
中国声音：国际热点问题透视（中文版、英文版） 中国国际问题研究院
大国的责任（中文版、英文版） 金灿荣
中国的未来（中文版、英文版） 金灿荣
中国的抉择（中文版、英文版） 李景治
中国之路（中文版、英文版） 程天权
中国人的价值观（中文版、英文版） 宇文利
中国共产党就是这样成功的（中文版、英文版） 杨凤城
中国经济发展的轨迹 贺耀敏
当代中国人权保障 常 健
当代中国农村 孔祥智
教育与未来——中国教育改革之路（中文版、英文版） 周光礼 周 详
当代中国教育 顾明远
全球治理的中国担当 靳诺 等
中国道路能为世界贡献什么（中文版、英文版、俄文版、法文版、日文版） 韩庆祥 黄相怀
时代大潮和中国共产党（中文版、英文版、法文版、日文版） 李君如
社会主义核心价值观与中国文化国际传播 韩 震
我眼中的中韩关系 ［韩］金胜一
中国人的理想与信仰（中文版、英文版） 宇文利
改革开放与当代中国智库 朱旭峰
当代中国政治（中文版、英文版） 许耀桐
当代中国社会：基本制度和日常生活（中文版、英文版） 李路路 石磊 等

国际关注·中国声音（中文版、英文版） 本书编写组
中国大视野 2——国际热点问题透视 中国国际问题研究院
中国大视野——国际热点问题透视 中国国际问题研究所
中国新时代（中文版、英文版） 辛向阳
构建人类命运共同体（修订版） 陈岳 蒲俜
新时代中国声音 中国国际问题研究院
中国生态文明新时代 张云飞
当代中国扶贫（中文版、英文版） 汪三贵
当代中国行政改革 麻宝斌 郝瑞琪
当代中国文化的魅力 金元浦
城镇化进程中的中国伦理变迁 姚新中 王水涣
数字解读中国：中国发展坐标与发展成就（中文版、英文版） 贺耀敏
中国改革和中国共产党 李君如